U0617256

高职体育俱乐部制教学系列丛书

# 篮球、足球、排球

主 编 韩 桥 张 鹏 黄 毅

副主编 王 飞 杨 敏 李桂琴 刘华锋

主 审 周世游

西安电子科技大学出版社

## 内  容  简  介

    本书根据《全国普通高等学校体育课程教学指导纲要》的要求编写而成，主要介绍篮球、足球和排球的基本技术、基本战术和运动竞赛规则。

    本书适合篮球、足球和排球这三种球类俱乐部的学员学习，也可作为对此三种球类运动感兴趣的读者的自学用书。

# 前　言

2002 年教育部颁布的《全国普通高等学校体育课程教学指导纲要》中提出:"根据学校教育的总体要求和体育课程的自身规律,应面向全体学生开设多种类型的体育课程,可以打破原有系别、班级制,重新组合上课,以满足不同层次、不同水平、不同兴趣的学生的需要。""要充分发挥学生的主体作用和教师的主导作用,努力倡导开放式、探究式教学,努力拓展体育课的时间和空间。在教师的指导下,学生应具有自主选择课程内容、任课教师、上课时间的自由度,营造生动、活泼、主动的氛围。"

编者认为,高校体育组织形式以体育俱乐部教学模式,更符合以上文件的精神和要求,相比传统教学模式,其具有以下优点:

(1) 突出学生和教师参与的自主性,构建宽松、自由的体育学习环境。

(2) 采用多样灵活的教学方法,建立以学生为中心的教学评价激励机制。

(3) 强化教师的竞争与协作意识,从新的角度建设师资队伍。

本书主要介绍篮球、足球和排球的基本技术、基本战术和运动竞赛规则，特别适合此三种球类俱乐部的学员学习，也可作为对此三种球类运动感兴趣的读者的自学用书。

由于编者水平有限，书中难免有不足之处，还请广大读者批评指正。

作　者

2016 年 1 月

# 目　录

篮球运动是美国的詹姆士·奈·史密斯教授在 1891 年发明的。由于它深受广大青少年学生的喜爱，因此在学校体育运动中占有重要地位。

篮球运动由进攻和防守组成。比赛时为了争得场上主动，在规则允许的情况下，双方都各自力求采用有效的技术和战术将球投入对方的球篮，以争取多得分而赢得比赛的胜利。

现代篮球运动的主要特点是高速度、高强度，无论传球、运球、突破，都要快速、突然、有力，并在激烈对抗中完成技术动作。强调高空技术和高空优势，高度与速度的结合更加完善；高度的技巧性，传、运、投等技术动作要求达到熟练自如、出神入化的地步；攻守对抗异常激烈，对争抢能力要求很高。

现代篮球运动的发展趋势是防守战术向综合运用方向发展，以弥补盯人和联防单独运用的不足。不论采取什么防守形式，都以积极攻击球为主要目标；进攻战术将在运动员全面掌握高、精、尖技术的基础上，打破固定位置的打法，提倡移动进攻。战术运用更加灵活，并具有攻击性；注意选择培养"明星"运动员，同时强调整体的作用，加强全队战术的训练；扬长补短，树立自己的独特风格。

经常参加篮球运动，能改善中枢神经系统的机能，使运动分析器、前庭分析器，特别是视觉分析器得到良好的训练，有利于促进学生完成动作的协调性，提高观察、判断和反应能力，增强循环、呼吸等器官系统的功能。紧张激烈的篮球比赛，还可以培养运动员积极、果断、勇敢、顽强的战斗意志和集体主义精神。

## 第一节　篮球运动技术

篮球技术是在比赛中为了达到一定的目的，所采用的各种专门动作方法的总称，包括篮球进攻技术和防守技术。篮球进攻技术包括传球、接球、运球、投篮、持球突破等；防守技术包括防守对手抢、打、断球等。无论进攻技术还是防守技术都含有移动和抢篮板球的基本技术。

### 一、移动

移动是篮球技术的基础，是比赛中运用最多的一项基本动作。进攻中为了摆脱对手，切入接球或合理运用传、运、投、突；防守中为了抢占位置，堵截对手或抢断球，都离不开移动技术。

(一) 移动技术方法

### 1. 基本站立姿势

基本站立姿势是指运动员在场上既稳定又机动的站立姿势。

动作要领：两脚前后或左右开立，略比肩宽，两膝微屈，重心落在两脚之间，上体稍前倾，脚跟微微提起，两臂弯曲自然放于体侧，抬头含胸，目视前方。

关键环节：屈膝降低重心，保持最大的机动性。

### 2. 起动

起动是队员改变静止状态的一种方法。

动作要领：起动以后脚或异侧脚的前脚掌短促有力地蹬地，上体迅速前倾或侧转，向跑动方向移动重心，手臂协调摆动，脚快速向跑动方向迈出。起动后的前两三步，要短促而快速，在最短的距离内把速度充分发挥出来。

关键环节：移动重心，蹬地突然起动。

### 3. 跑

跑是队员在场上改变位置，提高速度的重要方法。

(1) 侧身跑。

侧身跑是队员观察场上情况，迅速摆脱与超越防守时采用的一种方法。

动作要领：跑动中头和上体自然地向有球方向扭转，脚尖朝向跑的方向，既要保持跑速，又要观察场上情况。

关键环节：上体侧身转肩，脚尖朝向跑的方向。

(2) 变速跑。

变速跑是队员在跑动中利用速度的变换来完成攻守任务的一种方法。

动作要领：加速时，用前脚掌短促有力地蹬地，上体稍前倾。减速时上体稍直立，前脚掌用力抵住地面，从而降低跑速。

关键环节：采用身体重心的前移后倒，运用脚的后蹬、前顶来改变速度。

(3) 变向跑。

变向跑是队员在跑动中突然改变方向并加快速度来摆脱防守的一种方法。

动作要领：从右向左变向时，右脚尖稍内扣，同时右脚前脚掌内侧用力蹬地，随之腰部扭转，上体向左前倾，左脚向左前方跨出一小步，右脚迅速向左腿的侧前方跨出一大步，继续跑动。

关键环节：右脚蹬地，屈膝内扣，转移重心，加速跑动。

(4) 后退跑。

后退跑是队员在场上背对跑动方向的一种跑动方法。

动作要领：用两脚的前脚掌交替蹬地向后跑动，同时提踵，身体稍前倾，抬头观察场上情况，两臂协调摆动以保持身体平衡。

关键环节：前脚掌蹬地、提踵，保持身体平衡。

**4. 跳**

跳是队员在场上争取高度和远度的一种方法。

(1) 双脚起跳。

双脚起跳多用于跳球、投篮、抢篮板球以及抢断球。

动作要领：起跳前两膝弯曲，重心下降，上体稍前倾，两臂弯曲，肘外张。起跳时，两脚用力蹬地，并用提踵、提腰、摆臂的力量，使身体向上腾起。落地时，前脚掌先着地，屈膝缓冲，保持平衡，以便衔接下一个动作。

关键环节：重心下降，用力蹬地，腰臂协调提摆，身体自然伸展。

(2) 单脚起跳。

单脚起跳多用于改变方向、接球、投篮、冲抢篮板球。

动作要领：起跳时，最后一步步幅要小，起跳脚用全脚掌着地，屈膝降重心，用力蹬地。另一腿屈膝上抬，同时摆臂提腰帮助起跳，落地时屈膝保持平衡。

关键环节：起跳腿屈膝迅速蹬伸；摆动腿、腰、臂协同向上用力。

## 5. 急停

急停是队员在跑动中突然制动速度的一种方法。

(1) 跨步急停(两步急停)。

队员在做跨步急停动作时，要注意两拍的节奏。

动作要领：急停时先向前跨出一大步，第二步落地的同时，两膝深屈，腰胯用力，重心下降，身体稍向侧转，用前脚掌内侧蹬地，重心在两脚之间。

关键环节：第一步脚掌蹬地屈膝，上体侧转移重心，第二步用力蹬地体内转，降重心。

(2) 跳步急停(一步急停)。

队员在做跳步急停动作时，要注意身体平稳。

动作要领：急停时用单脚或双脚起跳，身体稍后仰，两脚同时平行或前后落地，两膝弯屈，重心下降，保持身体平衡。

关键环节：降低重心，保持身体平衡。

### 6. 转身

转身是队员以一脚为中枢脚和另一脚蹬地向不同方向跨移来改变站立的位置和方向，以利进攻或防守的一种方法。

(1) 前转身。

前转身是移动脚向中枢脚前面跨步使身体改变方向的动作。

动作要领：向左做前转身时，左脚为中枢脚，左脚提踵，前脚掌用力辗地，右脚前脚掌内侧蹬地，上体平稳左转，右脚蹬地后迅速跨步落地。

关键环节：中枢脚前脚掌辗地，转体、跨步要快，身体平稳。

(2) 后转身。

后转身是移动脚向中枢脚后面跨步使身体改变方向的动作。

动作要领：向右做后转身时，左脚为中枢脚，左脚提踵，前脚掌用力辗地；右脚前脚掌内侧蹬地，同时用力向右后方转胯、转身，右脚蹬地后迅速落地，身体平稳。

关键环节：中枢脚提踵，前脚掌辗地，同时转胯、转肩要快。

### 7．滑步

滑步是防守时堵截对方路线的一种移动步法。

动作要领：向左滑步时，左脚向左跨出，落地的同时右脚滑动跟随左脚移动，左脚又继续跨出。

关键环节：屈膝降低重心，水平滑动。

### 8．交叉步

交叉步是为了及时地起步、抢位来变换和保持有利的位置与其他步法结合的方法。

动作要领：交叉步向右时，左脚用力蹬地迅速从右脚前向右交叉迈出，上体稍右转，左脚落地，右脚迅速向右侧方跨步，控制重心。

关键环节：用力蹬地，两脚交叉动作要快。

### 9．后撤步

后撤步是变前脚为后脚的一种方法。

动作要领：后撤步时，两膝弯曲，重心降低，前脚掌内侧着地，同时腰部用力向后转胯。后撤前脚，后脚辗地，然后用力蹬地紧接滑步，保持防守位置。

关键环节：前脚用力蹬地，转胯迅速后撤。

### 10．攻击步

攻击步是防守队员突然前移，进行抢球、打球或破坏对手接球、传球、投篮等防守行动的一种步法。

动作要领：做攻击步时，后脚猛力蹬地，前脚突然迅速向前跨出，逼近对手。落地时重心偏在前脚上，前脚同侧手前伸做干扰和抢截性防守动作。

关键环节：两脚向前蹬跨突然，落地身体重心平稳。

## (二) 移动技术的练习程序与方法

### 1．基本站立姿势练习

原地进行移动重心的模仿练习。

### 2．起动及各种跑的练习

(1) 基本站立姿势或各种不同情况下的听信号或看手势快速起动练习。

(2) 每人一球向前抛，球离手后快速起动接住球。

(3) 利用场内的圆圈和线做侧身跑。

(4) 跑动中听信号做变速跑、变向跑。

### 3．急停练习

(1) 跑动中听信号做急停练习。

(2) 跑至规定的位置做急停练习。

### 4．转身练习

(1) 原地做跨步、撤步、前转身、后转身练习。

(2) 急停后做转身跑的练习。

### 5．起跳练习

(1) 原地双脚起跳练习。

(2) 行进间单脚起跳练习。

### 6. 防守步法练习

(1) 看手势或听信号做各种脚步移动练习。

(2) 行进间单脚起跳练习。

### 7. 防守步法练习

(1) 看手势或听信号做各种脚步移动练习。

(2) 一对一攻守练习。

### (三) 易犯错误与纠正方法

(1) 基本站立姿势过高、低头。

纠正方法：多做模仿练习。

(2) 起动时的步幅过大，蹬地无力。

纠正方法：原地体会蹬地动作。

(3) 急停或急停起跳时，控制不住重心。

纠正方法：慢跑中练习体会脚着地制动作用。

(4) 在转身、跨步、滑步中，重心起伏。

纠正方法：反复练习蹬、跨、滑的移动方法。

## 二、传、接球

传球是篮球比赛中进攻队员之间有目的地转移球的方法，是场上队员之间相互联系和组织进攻的纽带，是实现战术配合的具体手段。

接球是持球进攻的基础，只有接好球，才能进行传球、投篮、突破或运球等。接球与传球是紧密联系的，接球技术好，可以弥补传球的不足，减少传球失误。接球也是抢篮板球和断球的基础。

## (一) 传球方法

### 1. 双手胸前传球

动作要领：两手五指自然分开，拇指相对成八字形，用指根以上部位持球的侧后方，手心空出，两肘自然弯曲于体侧，将球置于胸前。肩、臂、腕部肌肉放松，两眼注视传球目标，身体成基本姿势。传球时，后脚蹬地，身体重心前移，同时两臂前伸，手腕由下向上翻转，同时拇指用力下压，食、中指用力弹拨，将球传出。出球后手心和拇指向下，其余手指向前。

关键环节：蹬地、伸臂、翻腕、抖腕、拨指动作要协调连贯。

### 2. 双手头上传球

动作要领：双手持球于头上，两肘向前，近距离传球时，小臂前摆，手腕前扣并外翻，同时拇、食、中指用力向前拨球。传球距离较远时，要用蹬地和腰腹力量带动上臂发力。小臂前甩，腕、指用力前扣，将球传出。

关键环节：小臂前摆和手腕前扣快速有力，带动手指用力拨球。

### 3. 双手低手传球

动作要领：双手持球于腹前或腹侧。传球时，手腕由下而上翻转，同时小指、无名指和中指用力拨球，将球柔和地传出。

关键环节：手腕由下而上翻传拨球。

### 4．单手肩上传球

动作要领：右手传球时，左脚向传球方向跨出半步，同时双手将球引到右肩侧上方，肘关节外展，手腕后屈，右手持球的后下方，左肩对着传球方向，重心落在右脚上。出球时，右脚蹬地的同时转体带动上臂，肘领先，前臂迅速前甩，手腕前扣，最后通过食、中、无名指的弹拨下压动作将球传出。

关键环节：转肩带动送肘，快速向前挥甩前臂，手腕、手指用力拨球。

### 5．反弹传球

动作要领：反弹传球时，手臂向前下方用力，击地点根据防守者的位置决定，一般应在传球者距接球者 2/3 的地方。球弹起的高度一般在接球人的腹部为宜。

关键环节：出球要快，击地点适当。

### (二) 接球技术方法

### 1．双手接球

动作要领：接球时要伸臂迎球，五指自然分开，肩、臂、腕、指放松。当手指触到球时，手臂顺势后引缓冲来球的力量，两手持球于胸腹之间。

关键环节：随球的高低移动重心，伸臂迎球，顺势缓冲。

## 2．单手接球

动作要领：右手接球，右脚向来球方向迈出，手臂伸出，五指自然分开，掌心正对来球，腕、指放松。当手指触球时，手臂顺势将球后引，收臂置球于身前或体侧，另一手迅速扶球。

关键环节：伸臂迎球，触球后顺势后引，另一手迅速扶球。

## (三) 传、接球技术的练习程序与方法

### 1．原地传、接球练习

(1) 原地持球模仿练习。

(2) 两人一组一球，对面站立传、接球练习。

### 2．行进间传、接球练习

(1) 迎面移动中传、接球练习。

(2) 两人一组，全场直线跑动传、接球练习。

(3) 三人直线跑动传、接球练习。

### (四) 易犯错误与纠正方法

(1) 接球时身体僵直，两臂紧张，手形不正确，无缓冲动作。

纠正方法：一人传球，另一人以正确的手形去接球。

(2) 传球时手形不正确，掌心触球。

纠正方法：原地传球的模仿练习。

# 三、运球

运球是队员在原地或移动中，用单手连续按拍和迎引从地面反

弹起来的球。

## (一) 运球技术方法

### 1. 高运球

动作要领：抬头，目视前方，上体稍前倾，以肘关节为轴，用手按拍球的后侧上方，球的落点在身体侧前方，球反弹的高度在腰、胸之间。

关键环节：以肘关节为轴，大小臂协调地上下迎送球的动作。

### 2. 低运球

动作要领：抬头，目视前方，两腿迅速弯曲，降低重心，上体前倾，以身体和靠近防守队员一侧的腿来保护球。同时用手短促地按拍球，控制球从地面反弹的高度在膝关节以下，以便摆脱防守继续前进。

关键环节：降低重心，手臂、腕、指的协调用力来控制球。

### 3. 运球急起、急停

动作要领：运球急起时，后脚用力蹬地，同时按拍球的后侧上方，向前运球，以超越对手。运球急停时，手按拍球的前上方，同时两脚做跨步急停，并转入低运球，用臂、身体和腿保护球。

关键环节：注意触球部位及手形的变化，护球于体侧。

### 4. 体前变向换手运球

动作要领：从对手右侧突破时，先向对手左侧运球，当对手向左侧移动时，运球队员突然改变方向。变向时，右手按拍球右上方，并靠近身体向左侧送拍球，使球的落点靠近左脚，同时右脚向左前方跨步，上体左转侧肩，以臂、腿、上体保护球。换左手按拍球左侧上方，左脚迅速蹬跨从对手右侧运球突破。

关键环节：变向的同时，侧肩转体，严格控制球的落点，跨步移动超越对手要快。

## (二) 运球技术的练习程序及方法

### 1. 原地高、低运球

要求：运球手法要正确。体会手指、手腕上吸下按的动作，以及手触球的部位和控制球。

### 2. 直线运球

要求：运球动作协调，运球过程中要注意抬头。

### 3. 运球急起急停

(1) 纵队于端线外，听信号后，运球急起，到中线时急停，再急起到端线。同样的方法返回。

(2) 在场内设标志线，听信号后，运球急起到标志线时，运球急停。重复练习。

### 4. 换手变向运球

(1) 弧线运球：沿罚线圈、中圈做弧形运球到对面的端线，再沿边线做直线运球返回。

(2) 圆圈运球：沿罚球圈、中圈做圆周运球到对面的端线，再沿边线做直线运球返回。

### (三) 易犯错误与纠正方法

(1) 运球时手形不正确，掌心触球。

纠正方法：原地运球练习。

(2) 运球中带球跑。

纠正方法：结合各种脚步动作反复练习。

(3) 控制不住球。

纠正方法：两人一组，各自运球过程中，力争打掉对方的球。

(4) 低头运球。

纠正方法：反复进行看手势的多种运球练习。

(5) 运球中翻腕。

纠正方法：由慢速运球开始，逐渐加快速度，运球手法变换时，减少翻转幅度。

## 四、投篮

投篮是进攻队员为将球投入对方篮筐而采用各种专门动作的总称。

### (一) 投篮技术方法

#### 1. 原地双手胸前投篮

动作要领：双手持球于胸前，两肘自然下垂，两脚前后或左右开立，重心落在两脚掌上，目视瞄准点。投篮时，在两脚蹬地的同时，腰腹伸展，两臂向前上方伸出，两手腕同时外翻，拇指稍用力压球，使球通过拇指、食指、中指指端投出。投球出手后，脚跟提起，腰、臂随出球方向自然伸展。

关键环节：向上送臂、翻腕、外拨球，肩、肘关节自然放松，全身协调一致发力。

### 2. 原地单手肩上投篮

动作要领：右手持球于肩上，左手扶球的左侧，右臂屈肘，前臂与地面接近垂直，两腿微屈，右脚在前，重心落在两脚掌上。投篮时，右臂随腿的蹬伸和腰腹的伸展，抬肘向前上方充分伸直，用手腕前压的动作，使球从食指、中指指端投出。球离手时，手臂要随球自然跟送，脚跟提起。

关键环节：蹬地展体，抬肘伸臂，屈腕弹指协调配合。

### 3. 行进间单手低手投篮

动作要领：右脚向前跨出时接球，第二步继续加速，向前上方跳起，腾空时间要短。投篮时，球移到右手上举，五指自然分开，托球的下部，手心朝上，手臂向上伸展，接近球篮时，用手指上挑的动作，使球向前旋转投向球篮。

关键环节：向上起跳，直臂举球，指腕挑拨。

### 4. 行进间单手肩上投篮

动作要领：右脚向前跨出时接球，接着迅速上左脚起跳，右腿屈膝上抬，同时举球至肩上，左脚蹬地腾空后上体稍后仰。当身体达到最高点时，右手臂伸直，用手腕前屈和手指力量将球投出。

关键环节：向上起跳，举球，腕、指用力。

5. **运球急停跳起投篮**

动作要领：快速运球中，最后两步稍减速，利用跨步或跳步急停接球起跳，同时双手持球迅速上举，两脚用力蹬地，在身体腾空接近最高点时，伸臂、用腕、指的力量将球投出。

关键环节：急停与起跳衔接连贯。

(二) 投篮技术的练习程序与方法

1. **原地投篮**

(1) 徒手投篮模仿练习：听信号做"持球——举球——投篮出手"的练习。

(2) 持球模仿练习：两人一组一球，相距一定距离，对投练习。

(3) 正面定点投篮练习：一纵队近距离投篮，投篮后抢篮板球，将球传给后边的人投篮。

2. **行进间投篮**

(1) 行进间投篮的基本脚步动作练习：两人一组一球，一人托球，另一人在走动或慢跑中跨右脚同时拿球，然后跨左脚并起跳，做右手肩上投篮练习，两人可互换。

(2) 一纵队在与球篮成45°角的位置运球投篮：每人一球，运球投篮后，抢篮板球。

3. **跳起投篮**

(1) 原地跳起投篮模仿练习：两人一组一球，相距一定距离，做原地起跳投篮练习。

(2) 运球急停跳起投篮练习：半场运球，到限制区附近时，急停跳起投篮。

### (三) 易犯错误与纠正方法

(1) 持球手形不正确，掌心贴球，影响腕、指用力。

纠正方法：持球模仿练习。

(2) 投篮时肘关节外展。

纠正方法：适当提高持球的部位，对墙练习。

(3) 投篮出手角度小，抛物线低。

纠正方法：多做翻腕托球动作，或在投篮练习者前站一人举手，帮助改进动作。

(4) 行进间投篮时，易出现带球跑。

纠正方法：在走或慢跑中跨右脚的同时，拿固定球上篮练习；逐渐过渡到行进间投篮练习。

(5) 跳投时，身体前冲，失去平衡。

纠正方法：首先进行徒手跳投的模仿练习，然后持球起跳练习。

## 五、持球突破

持球突破是持球队员运用脚步与运球技术相结合的快速超越对手的一项攻击性很强的进攻技术。它是由蹬转、转体探肩、放球、加速几个技术环节所组成的。

## (一) 持球突破技术方法

### 1. 交叉步持球突破

动作要领：以防守队员左侧突破为例。突破时，用左脚掌内侧用力蹬地，迅速向右前方跨出一大步，同时弯腰屈膝上体右转探肩，贴近对手身体；在右脚离地前，用右手立即将球拍至右侧前方；右脚迅速蹬地跨步，加速超越对手。

关键环节：蹬地、跨步、转体探肩动作连贯，蹬跨第一步要大，紧贴对手，第二步加速要快。

### 2. 同侧步持球突破

动作要领：以防守队员左侧突破为例。突破时，用左脚掌内侧用力蹬地，右脚迅速向右前方跨出一大步，同时上体稍右转，左肩下压，用右手放球于右脚侧前方，左脚迅速跨步抢位，用右手推拍球，加速超越对手。

关键环节：跨步、放球快速连贯，中枢脚离地前球要离手。

### 3. 跨步急停持球突破

动作要领：当同伴传球时，迅速伸臂迎球，合理急停并接住球。落地后，两腿屈膝，重心降低，保持平衡，保护好球，然后再根据防守队员的位置和情况做交叉步或同侧步突破防守。

关键环节：摆脱移动，伸臂迎引球和跨步的衔接要协调连贯，接球急停要稳，确定中枢脚，起动要快。

（二）持球突破技术的练习程序与方法

**1. 原地持球突破练习**

（1）徒手模仿突破的各种脚步动作。

（2）每人一球，面向球篮站立。做瞄篮动作后，快速向左侧或向右侧做跨步突破动作，然后收腿还原，重复练习。

（3）原地持球突破练习：一纵队于罚球圈附近，做原地交叉步和同侧步持球突破练习。

**2. 跳步急停持球突破练习**

（1）每人一球，向前抛球，高度在胸腹之间，单脚蹬地随球向前做一步急停接球，两脚平行落地，再衔接交叉步或同侧步持球突破动作。

（2）每人一球，向左或右侧前方抛球，然后用同侧脚蹬地，单手接球做跨步急停，再以同侧步或交叉步持球做突破动作。

（3）接球急停突破上篮练习：两人一组，一人传球，另一人跑上一步急停接球，然后用交叉步或同侧步迅速突破上篮。

（三）易犯错误与纠正方法

（1）突破时双脚移动及中枢脚移动过早。

纠正方法：

① 两脚开立，确定中枢脚，做转身练习。

② 听信号做放球及提起中枢脚的练习。

（2）突破时动作脱节，速度慢。

纠正方法：原地模仿练习或缩小动作幅度。

(3) 突破时重心高，放球的落点不对。

纠正方法：

① 两人一组，甲防守时，两臂侧平举，让乙从甲臂下持球突破。

② 练习转体探肩、放球动作。

(4) 突破时远离防守。

纠正方法：两人一组，对抗练习。

# 六、抢篮板球

抢篮板球是投篮不中时，双方争夺控球权的一项技术。抢篮板球技术动作是一项联合技术动作，它由抢占位置、起跳动作、空中抢球动作和获球后的动作所组成。

## (一) 抢篮板球技术动作方法

### 1. 双手抢篮板球

动作要领：起跳后，身体在空中充分伸展，尽量扩大制空范围，两臂同时伸向球的落点方向，当身体和手至最高点时，双手将球握住，腰腹用力，迅速收臂将球持于胸前。

关键环节：身体在空中充分伸展，腰腹用力，收臂。

### 2. 单手抢篮板球

动作要领：起跳后，身体和手臂充分向球的落点方向伸展。在最高点指端触及球时，用力屈腕、屈指迅速抓握球，随之屈臂拉球于胸前，另一手护球。

关键环节：屈臂拉球，另一手护球。

## (二) 抢篮板球动作的练习程序与方法

### 1．徒手模仿练习

(1) 原地起跳，双手或单手抢篮板球动作的模仿练习。

(2) 助跑单脚起跳触篮板练习。

(3) 结合上步、跨步、转身、滑步等脚步动作，做单、双脚起跳抢篮板球练习。

### 2．判断起跳和抢球练习

(1) 每人一球，抛球击篮板，上步起跳，用双手或单手在空中抢反弹回来的球。

(2) 每人一球，跑动中向不同方向抛球，起跳后用双手或单手抢球。

## (三) 易犯错误与纠正方法

(1) 对球反弹的方向、落点判断不准确。

纠正方法：自抛自抢或一人抛球、一人抢球练习。

(2) 跳起后抢不到球或控球不牢。

纠正方法：加强手对球控制能力的练习。

# 七、防守对手

防守对手是防守队员合理地运用脚步移动和手臂动作，积极主动地抢占有利位置，阻挠和破坏对手进攻的行动。

## (一) 动作方法

### 1. 防守无球的对手

动作要领：防守无球的对手时，根据球和对手所处的位置确定和调整自己的防守位置。当对手处在强侧(有球侧)时，应采取错位防守，即站在球与对手的传球路线的内侧位置，以面向人、侧向球的站法，逼近对手。当对手处于弱侧(无球侧)时，应向球和球篮方向靠拢，以侧向人、面向球的站法，松动防守。移动的同时，借助手臂的动作，扩大防守面。

关键环节：抢占位置，积极移动。

### 2. 防守有球的对手

动作要领：在防守过程中，一旦自己所防的对手接到球，防守者要及时调整与对手的位置和距离，做到球到手、人到位。在占据对手与球篮之间的有利位置的基础上，与对手保持适当距离。离篮远则远，离篮近则近，根据有球对手的意图及球篮的距离，采用平步或斜步防守，并合理运用抢球、打球、断球等技术。

关键环节：判断准确，动作突然，保持身体平衡。

(二) 防守对手的练习程序与方法

**1. 防守无球对手的练习**

(1) 防守移动步法的练习(见移动部分)。

(2) 半场或全场的一攻一防练习。

**2. 防守有球对手的练习**

(1) 原地抢、打球练习：两人一组，一攻一防，进攻队员做投、切动作；防守队员抢、打球。

(2) 三人一组，两人传球，一人做横断或纵断球的练习。

(三) 易犯错误与纠正方法

(1) 防守时重心太高。

纠正方法：加强脚步移动的练习；滑步中手触地练习。

(2) 视野范围小，不能人球兼顾。

纠正方法：二攻二防，进攻者在不同位置来回传球，防守者注意人、球、篮的关系。

(3) 手臂动作运用不当，缺乏断球意识。

纠正方法：三人一组，两人传球，有意识地向防守者传球，诱导防守者随时注意断球。

# 第二节　篮球运动战术

所谓篮球运动战术，是指在篮球比赛时，根据篮球运动的特点和具体对象，所确定的攻、防集体配合及全队协调行动的特定组织形式和方法。

# 一、进攻战术基础配合

进攻战术基础配合是两三个进攻队员在进攻中采用的协同动作，创造进攻条件和机会的简单配合。

## (一) 传切配合

传切配合是进攻队员之间利用传球和切入技术组成的简单配合。

配合方法：一传一切(见图 1-1，○表示进攻队员，△表示防守队员，队员号随图中数字；—→表示队员移动路线；⇢表示队员传球路线；—l 表示掩护。以下类同)。④传球给⑤后，立即摆脱△向篮下切入，接⑤传球投篮。

配合时机：对方篮下较空，或失去防守位置时。

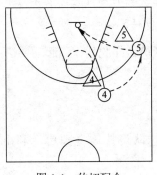

图 1-1　传切配合

配合要求：

(1) 切入队员要掌握切入的时机和动作，摆脱防守直插篮下。

(2) 传球队员要及时、准确地传球给切入同伴，使他接球后便于进攻。

## 1. 传切配合的练习步骤与方法

(1) 传切配合的落位、切入路线和切入动作练习。

(2) 在消极防守情况下练习：图 1-1 中，防守队员消极防守，以帮助进攻队员完成配合。

(3) 在对抗情况下练习。

要求：切入动作快速，传球隐蔽。

## 2. 易犯错误与纠正方法

(1) 配合时机不当。

纠正方法：听信号做切入和传球练习。

(2) 切入跑动中不侧身看球。

纠正方法：移动中听信号做侧身接球动作。

(3) 切不进去，球传不出去。

纠正方法：切入前做摆脱动作，起动要快；传球队员做瞄篮、突破等假动作。

### (二) 突分配合

突分配合是持球队员持球突破后，利用传球和同伴配合的方法。

配合方法：图 1-2 中，⑦从底线突破对手后，如 △ 上来补防，△ 也后撤进行协调防守时，可及时传球给插入到有利位置的⑧或

④进攻。

配合时机：对方换人或补防时，持球同伴突破的一刹那。

配合要求：

(1) 突破过程中，注意观察攻守队员的位置变化，如遇补防，则及时分球。

(2) 配合同伴在突破队员切入时，迅速移动，与他拉开一定距离，形成有一定的传球角度，接到球后，果断投篮。

### 1．突分配合的练习步骤与方法

(1) 突分配合的移动路线和突破动作练习。

(2) 在消极防守情况下练习：图 1-2 中，⑦运球从底线突破对手后，防守队员迅速补防，④和⑧迅速移动到有利的位置上，准备接球。⑦采取合理的传球方式，及时将球传给④或⑧进攻。防守队员定时轮换。

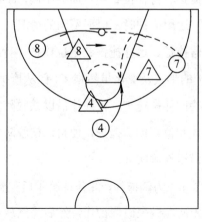

图 1-2 突分配合

(3) 在对抗情况下练习：半场二对二或三对三攻守对抗的练习。

要求：进攻队员抓住时机，默契配合；防守队员积极移动。

**2. 易犯错误与纠正方法**

(1) 配合时机过早或过晚。

纠正方法：听信号后，再进行突分配合的跑动路线练习。

(2) 突破后的分球技术方式简单，配合效果差。

纠正方法：加强突破后突分球技术练习。可先将球分给固定位置的同伴，再将球分给移动中的同伴。

**(三) 掩护配合**

掩护配合是采取合理的行动，用自己的身体挡住同伴的防守者的移动路线，使同伴借以摆脱防守获得进攻机会的一种配合方法。根据掩护者与被掩护者身体位置和方向的不同，有前掩护、侧掩护、后掩护三种形式。运用掩护时，根据不同的情况，还可进行多种变化，如反掩护、假掩护、运球掩护、定位掩护、行进间交叉掩护、双人掩护等。掩护的形式及变化虽然很多，但从掩护者的行动来看，一是自己主动去给同伴做掩护，使同伴借以摆脱防守；二是自己主动利用同伴的身体和位置创造掩护，使自己摆脱防守；三是同伴之间相互进行掩护借以摆脱防守。

配合方法：图 1-3 为侧掩护。⑤传球给④后跑到△的侧后方做掩护，④接球后先向左做突破假动作，然后突然从右侧贴着⑤的身体运球突破上篮。⑤转身切入篮下。

配合时机：掩护者用身体挡住同伴的防守者移动路线的一刹那。

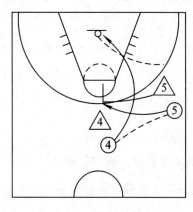

图 1-3　侧掩护

配合要求：

(1) 掩护者要站在同伴的防守者移动的必经路线，距离该对手约半步左右，两脚分开，两膝微屈，上体稍前倾，以扩大掩护面。

(2) 借用掩护者的假动作来吸引自己的对手，待时机成熟，及时起动。

(3) 观察防守者的位置和行动意图。当对方交换防守时，掩护者要及时转入掩护的第二个动作，调整位置，转身切入篮下或转入其他进攻行动。

## 1. 掩护配合的练习步骤与方法

(1) 掩护配合的落位、移动路线及掩护动作练习。

(2) 在消极防守情况下练习：图 1-3 中，防守队员只跟随移动，使进攻队员体会有防守情况下的配合动作及配合时机。

要求：消极防守。先练给有球队员掩护，再练给无球队员掩护。

(3) 在对抗情况下练习：半场二对二或三对三的攻守对抗练习。

要求：掩护动作合理、注意攻守位置及其变化。

## 2. 易犯错误与纠正方法

(1) 被掩护者的移动过早或过晚。

纠正方法：掩护配合时，听信号移动。

(2) 掩护者的站位不正确，靠前或靠后，

纠正方法：反复练习跑动路线、站位及掩护动作。

(3) 掩护后的转身不及时，失去掩护护送和第二次进攻机会。

纠正方法：听信号做转身练习。

(4) 过早暴露掩护意图。

纠正方法：被掩护队员要做向异侧突破或投篮假动作以吸引防守队员。

## (四) 策应配合

策应配合是进攻队员背对或侧对球篮接球后，与同伴的空切或绕切相结合，借以摆脱防守，创造各种进攻机会的一种配合方法。

配合方法：图 1-4 中，⑤传球给④后，向底线做切入假动作，突然摆脱△跑到罚球线后接④的传球做策应球跳投或上篮。

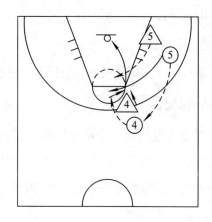

图 1-4 策应配合

配合时机：进攻队员背对或侧对球篮接球的瞬间。

配合要求：

(1) 策应队员首先要抢占有利的策应位置，保证接球的安全。利用脚步动作调整身体，保持平衡，要观察攻守情况，将球传给切入或有利于进攻的队员投篮。

(2) 外线队员能及时、准确地将球传给内线，然后摆脱防守切入或到有利的位置接球。

**1. 策应配合的练习步骤与方法**

(1) 策应配合的落位、移动路线及技术动作练习。

(2) 在消极防守情况下练习：图 1-4 中，防守队员消极防守，帮助进攻队员完成策应配合。

**2. 易犯错误与纠正方法**

(1) 策应队员的选位不合理，站不稳。

纠正方法：固定策应位置，规定切入路线。

(2) 策应队员接不住球。

纠正方法：消极防守，练习策应时的挡人、伸手接球动作。

## 二、防守战术基础配合

防守战术基础配合是指两三个防守队员为了破坏对方的掩护配合，在掩护者临近的一刹那，被掩护者的防守者主动靠近自己的对手，并从两个进攻者之间侧身挤过去，继续防住自己的对手。

### (一) 挤过配合

配合方法：图 1-5 中，④运球去给⑤做掩护，当④临近⑤时，△迅速贴近⑤并从⑤与④之间侧身挤过去，继续防守⑤。

配合时机：对方进行掩护配合时，掩护者临近的一刹那。

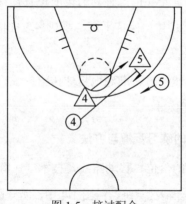

图 1-5　挤过配合

配合要求：

(1) 在运用挤过防守时，同伴要提醒，以便及时挤出掩护面。

(2) 在挤出时，要向侧前方跨出一大步，防守同伴不要跟随掩护者太紧，一旦同伴没有挤出，要进行补防。挤过配合的练习步骤与方法见下文的"绕过配合"。

(二) 穿过配合

穿过配合是指当对方进行掩护配合的一刹那，防守掩护者的队员主动后撤一步，让同伴及时从自己和掩护队员之间穿过去，以便继续防守自己对手的配合方法。

配合方法：图 1-6 中，⑤传球给⑥，④去给⑤做掩护，△应后撤一步并滑步从④和△中间穿过去继续防守⑤，同时△要主动后撤步，以便△能顺利穿过。

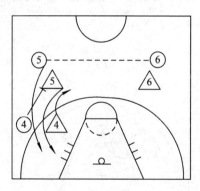

图 1-6 穿过配合

配合时机：两个做掩护配合掩护的进攻者交错的一刹那。

配合要求：

(1) 防守掩护者的队员。

(2) 两个防守队员要默契。

穿过配合的练习步骤与方法见绕过配合。

### (三) 绕过配合

绕过配合是指当进攻者进行掩护配合时，防守队员主动贴近对手，让同伴从自己身后绕过，继续防守自己对手的配合方法。

配合方法：图 1-7 中，④传球迅速从▲身后绕过去防住⑤。当▲绕过时，▲主动贴近对手，让▲迅速通过。

配合时机：当进攻队员进行掩护即将到位时。

配合要求：

(1) 防守掩护的队员要移动路线。

(2) 绕过队员移动要快，以免进攻队员乘机投篮或切入。

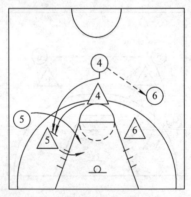

图 1-7　绕过配合

### 1. 绕过配合的练习步骤与方法

(1) 做移动路线、挤过、穿过、绕过动作练习。

(2) 在消极进攻情况下练习：进攻者缩小掩护面积，帮助防守队员挤过、穿过或绕过。

(3) 在攻守对抗情况下练习：当防守配合熟练后，进攻队员积极主动进攻，在对抗中完成配合。

要求：挤过、穿过、绕过动作快速、及时。

**2. 易犯错误与纠正方法**

(1) 挤过、穿过、绕过速度慢。

纠正方法：加强后撤步练习。

(2) 挤、穿不过去。

纠正方法：加强二对二或三对三练习。

**(四) 变换防守**

交换防守是指当对方进行掩护配合时，为了破坏对方的掩护，防守队员之间彼此交换自己所防对手的配合方法。

配合方法：图1-8中，④持球，⑤去给④做掩护，⚠要预示同伴⚠被挡住，⚠主动换防，并堵住④运球切向篮下的路线。此时⚠调整位置，防止⑤切入。

配合时机：进攻队员进行掩护即将摆脱切入时。

配合要求：

(1) 对方掩护时，防守掩护者的队员及时通知同伴，并紧跟自己的对手，交换防守。

(2) 防守被掩护者的队员及时调整位置，抢占人、篮之间的有利位置，不让掩护者把自己挡在外侧，以防掩护者转身切入。

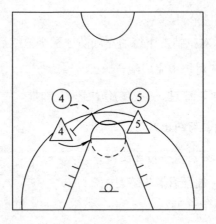

图 1-8　变换防守

交换防守练习的步骤与方法同绕过配合。

## (五) 关门配合

关门配合是指邻近的两个防守队员协同配合，防守持球突破的方法。

配合方法：图 1-9 中，当④从正面突破时， ⃤ 和 ⃤ 进行关门配台。如④从边线突破，则 ⃤ 和 ⃤ 进行关门配合。

配合时机：当持球者突破即将超越防守同伴时。

配合要求：

(1) 当突破队员向篮下运球突破时，防守突破的队员迅速向侧后方抢步堵住进攻者的路线。

(2) 临近的防守队员快速向同伴滑动，封住突破队员的运球路线。

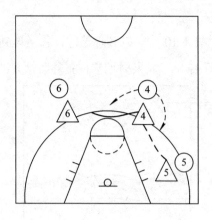

图 1-9 关门配合

### 1. 关门配合的练习步骤与方法

(1) 移动路线与关门动作练习：防守队员分两组，听口令后，练习关门动作。

(2) 在消极进攻情况下练习：图 1-9 中，进攻队员帮助防守队员完成配合。

(3) 在攻守对抗情况下练习：半场二对二或三对三的练习。

要求：动作要快，关门完成后要迅速分开。

### 2. 易犯错误与纠正方法

易犯错误：关门不严。

纠正方法：加强脚步移动练习。

### (六) 夹击和补防配合

夹击配合是指两个防守队员共同防守一个进攻队员的配合

方法。

配合方法：图 1-10 中，⑤传球给④，④运球到场角时，△迅速上去和△进行夹击，△及时调整位置补防，并准备断球。

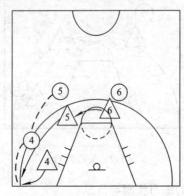

图 1-10　夹击配合

配合时机：对方运球转身的一刹那或对方持球停球于场角地带时。

配合要求：

(1) 在夹击时，两个防守者充分利用腿、躯干、手扩大封堵面，封堵传球角度。

(2) 在形成夹击局面时，邻近的防守者要及时移动，切断其传球路线，准备断球。

补防配合是指在夹击或防守的情况下，同伴及时补漏防守的一种配合方法。

配合时机：同伴漏防时。

配合要求：

(1) 动作迅速，大胆放弃暂时无威胁的对手，争取断球。

(2) 补防队员要及时换位。

### 1．夹击、补防配合的练习步骤与方法

(1) 移动路线与夹击动作练习。

(2) 在消极进攻情况下练习：进攻队员消极进攻，帮助防守队员完成配合。

(3) 在攻守对抗情况下练习：半场二对二或三对三练习。

要求：进攻队员积极移动，防守队员注意协防。

### 2．易犯错误与纠正方法

(1) 形不成夹击、造成漏防。

纠正方法：二防一夹击选位练习。

(2) 控制不住身体重心，造成犯规。

纠正方法：在消极进攻情况下，进行夹击动作练习。

## 三、快攻与防守快攻

### (一) 快攻

快攻是指在由防守转入进攻时，以最快的速度，在对方尚未部署好防守之前，以时间、人数和位置上的优势，果断而合理地进行攻击的一种快速进攻战术。

快攻战术的组织形式有长传快攻、短传快攻、结合运球突破快攻。快攻战术的组织结构由发动、接应、推进、结束四个阶段组成。

发动快攻的时机：抢获后场篮板球，抢、断得球后，掷界外球，跳球获球后发动快攻。

### 1. 快攻战术练习步骤与方法

(1) 发动与接应的练习：先练抢获篮板球发动快攻与固定接应，再做增加难度的练习。

(2) 快攻推进阶段的练习：先练中路推进，再练边线推进，最后中、边结合。

(3) 快攻结束阶段的练习。

要求：一传要快，接应队员主动选位。

### 2. 易犯错误与纠正方法

(1) 第一传与接应不协调。

纠正方法：先进行固定接应的练习。

(2) 结束阶段不能有针对性地组织攻势。

纠正方法：二攻一、三攻二配合练习。

### (二) 防守快攻

防守快攻是指有组织地制约对方快攻速度和破坏快攻路线的配合方法。

防守快攻的方法：拼抢进攻篮板球、封堵第一传和接应、卡堵推进、提高以少防多的能力。

### 1. 防守快攻的练习步骤与方法

(1) 封堵第一传和接应：二攻二守或三防三夹击第一传，封堵接应队员。

(2) 以少防多的练习：一防二或二防三练习。

(3) 全场综合防守快攻的练习：二防二、三防三或五防五练习。

要求：积极封堵第一传与接应队员，提高攻守转换的速度。

**2．易犯错误与纠正方法**

(1) 封堵第一传和接应的速度慢。

纠正方法：先练习固定位置的接应。

(2) 以少防多时，盲目移动。

纠正方法：一防二、二防三的练习。

# 四、人盯人防守与进攻人盯人防守

## (一) 人盯人防守

人盯人防守战术是指每个防守队员在盯住自己对手的同时，进行集体防守的战术。它包括半场缩小(松动)人盯人和半场扩大(紧逼)人盯人及全场紧逼人盯人。

**1．人盯人防守的练习步骤与方法**

(1) 个人防守能力的训练。

(2) 在进攻队员球动人不动条件下的防守队员选位练习。

(3) 在进攻队员人动球动条件下的防守练习。

(4) 半场攻守练习。

(5) 全场紧逼人盯人练习。

要求：积极堵截对手进攻路线。

## 2．易犯错误与纠正方法

易犯错误：当防守队员被突破后，同伴不能及时补防。

纠正方法：加强个人防守技术练习，同伴之间要相互提醒。

### (二) 进攻人盯人防守

进攻人盯人防守是指根据人盯人防守的特点，综合运用传接球、投篮、运球、突破等个人技术动作和传切、掩护、策应等几个人之间的战术基础配合所组成的全队进攻战术。

### 1．进攻人盯人防守的练习步骤与方法

(1) 战术分段、分位练习。

(2) 在消极防守情况下的全队战术练习。

(3) 半场攻防对抗情况下的战术练习。

(4) 进攻全场紧逼人盯人防守的练习。

要求：积极移动，根据防守特点，选择配合方法。

### 2．易犯错误与纠正方法

易犯错误：错过配合时机，盲目移动。

纠正方法：分解练习战术配合。

## 五、区域联防与进攻区域联防

### (一) 区域联防

区域联防是指防守队员由攻转守迅速退回半场后，每个人分工负责防守一定的区域，严密防守进入该区域的球和进攻队员，并与

同伴协同防守而构成的一种集体防守战术。

**1. 区域联防的练习步骤与方法**

(1) 基本落位队形的练习。

(2) 分解练习：一防二、二防三、防溜底线、防背切、防中锋等的练习。

(3) 消极进攻情况下的五对五完整练习。

(4) 积极进攻对抗情况下的完整练习。

要求：站位合理，明确在各个防区的防守对象，同时注意协防。

**2. 易犯错误与纠正方法**

(1) 各个防守区之间不能及时协防。

纠正方法：消极进攻情况下的防守练习。

(2) 只顾人不顾球或只顾球不顾人。

纠正方法：加强个人防守能力的练习。

**(二) 进攻区域联防**

进攻区域联防是指在了解和掌握区域联防的特点和规律的基础上，尽量避免造成一对一阵形，针对其薄弱环节，结合本队具体情况，确定进攻重点，所组织的具有针对性的进攻战术配合。

**1. 进攻区域联防的练习步骤与方法**

(1) 全队战术的跑位练习：先按规定的落位和进攻方法练习。

(2) 分解练习：如中锋策应、局部配合等。

(3) 对抗情况下练习：半场五对五的全队完整战术练习。

要求：积极选位，寻找进攻机会。

## 2. 易犯错误与纠正方法

易犯错误：在进攻区域联防时，不能使"人动"与"球动"有机地结合，盲目转移球。

纠正方法：在消极防守情况下，听信号移动和转移球。

# 第三节　篮球运动竞赛规则

## 一、比赛场地与设备

### (一) 球场

篮球场是一块长方形的坚实平面、无障碍物的场地。对于国际篮联举办的正式比赛(奥林匹克运动会、世界篮球锦标赛)，球场尺寸为长 28 米、宽 15 米，球场的丈量从界线内沿量起。对于其他比赛也可使用比正式比赛场地长度减少 4 米、宽度减少 2 米的现有球场，只要其变动互相成比例。

### (二) 设备

对于奥林匹克比赛和其他世界性的比赛，篮板的尺寸为横宽 1.80 米、竖高 1.05 米，篮板下沿距地面 2.90 米。它的中心垂直落在场上，距离端线内沿 1.20 米、篮圈水平面距地面 3.05 米。篮球的圆周长不得小于 0.749 米，不得大于 0.78 米，重量在 567～650

克之间。

## 二、比赛、暂停、替换

### 1. 比赛

每场篮球比赛由两个队参加，每队出场 5 名队员。比赛分上、下两个半时，每半时 20 分钟，两半时中间休息 10 分钟，下半时终场时，如两队得分相等，则延续 5 分钟进行决胜期比赛，得分仍相等，再延续 5 分钟，直至分出胜负。

比赛中，除在 3 分投篮区投球中篮得 3 分外，在其他位置投篮得 2 分，罚球中篮得 1 分。在比赛时间内，得分多的队为胜。

### 2. 暂停

每队每半时准许暂停 2 次，每次 1 分钟，每一决胜期准许暂停 1 次。未用过的暂停不准挪到下半时或决胜期内使用。

请求暂停的时机：

(1) 球成死球并停止比赛计时钟时。

(2) 对方投篮得分，也可给予一次暂停，但必须在投篮队员球离手前提出。

### 3. 替换

替补队员进场前应向记录员报告，并须立即做好比赛的准备。

请求替换的时机：

(1) 球成死球并停止比赛计时钟时。

(2) 违例后，只有掷界外球的非违例队可要求替换。被允许后，对方也可要求替换。

## 三、违例及罚则

违例是指违反规则的行为。

罚则：判该队失去控球权，由对方队员在违例地点就近的边线外掷界外球。

比赛中常见的违例有：带球跑、非法运球、脚踢球、拳击球、掷界外球违例、3 秒违例、5 秒违例、10 秒违例、30 秒违例、球回后场违例、干扰球等。

## 四、犯规及罚则

犯规是指违反规则的行为，含有身体接触和不道德的举止。

### 1. 侵人犯规

侵人犯规是指在球进入比赛状态、活球或死球时的队员犯规，含有与对方队员的接触。

罚则：登记犯规队员一次侵人犯规。如被侵犯的队员未做投篮动作，由被侵犯队的队员在犯规地点就近的边线掷界外球继续比赛。如被侵犯的队员在做投篮动作，投中则得分有效，再判给一次罚球；如投篮未中，就判给投篮队员两次或三次罚球。

### 2. 故意犯规

裁判员认为队员蓄意地对持球或不持球的对方队员造成侵人

犯规称为故意犯规(违反体

育道德的犯规)。

罚则：登记犯规队员一次故意犯规。应判给非犯规队罚球和在记录台对面边线的中点处掷界外球的控球权。如对未做投篮动作的队员犯规，则判给两次罚球。如对在做投篮动作的队员犯规，投中有效，再判给一次罚球；如投球未中，则根据投篮的地点判给两次或三次罚球。无论罚球成功与否，均由罚球队的任一队员在记录台对面边线的中点处掷界外球。

### 3. 队员技术犯规

有意的、不道德的或给违反规定者带来不正当利益的技术性犯规，应立即判罚技术犯规。

罚则：宣判技术犯规后，每次均应登记，并由对方队长指定罚球队员罚球两次。对行为十分恶劣或屡次违反此条规定的队员，应取消其比赛资格并令其退出比赛。

### 4. 双方犯规

双方队员同时互相犯规为双方犯规。

罚则：登记每个犯规队员一次侵人犯规。由双方犯规队员在就近的圆圈内跳球继续比赛。

### 5. 队员5次犯规

一个队员不论侵人犯规或技术犯规共达 5 次，必须自动退出比赛。

### 6. 全队 7 次犯规

比赛的每半时内，一个队的所有队员侵人犯规和技术犯规已达 7 次，此后发生的所有队员犯规，均执行两次罚球，除非含有更为严重的罚则。

## 五、决胜期

下半时终了若双方得分相等，应延长 5 分钟作为决胜期继续比赛。必要时可延长几个这样的 5 分钟，直到分出胜负为止。每次决胜期前，给予两分钟的休息时间和一次暂停。每次决胜期开始时，应在中圈跳球继续比赛，若下半时某队全队犯规已满 7 次再犯规，由对方执行两次罚球的权力一直延续到决胜期。

## 课后练习与思考

1. 简述现代篮球运动的发展趋势。

2. 经常参加篮球运动能改善身体哪些方面的能力？

3. 侵人犯规与故意犯规有何区别？

# 第二章

## 足 球 运 动

　　足球运动是一项以脚为主支配球，两队相互对抗，以踢进对方球门球的数量来判定胜负的球类运动。高水平的世界足球大赛场面壮观，激动人心，吸引着数以万计的观众。

　　足球比赛的特点是参加人数多、场地大、比赛时间长、技术复杂、战术多样。在比赛中，不仅要求运动员具有强壮的体魄、快速的奔跑能力和勇猛顽强的战斗意志，而且还要求运动员在有对手阻挠的情况下，完成复杂的技术动作和战术配合。

　　经常参加足球运动能有效地加强身体素质，增强体质，提高人体各器官系统的功能。长期从事足球训练可以培养和锻炼人们勇敢顽强、机智果断、坚韧不拔、勇于克服困难的优良品质和团结协作的集体主义精神。另外，足球场上双方的激烈争夺和比赛局面的变幻莫测，能提高参赛者的注意力、观察力、想象力和思维能力，改善心理素质，提高心理健康水平。

## 第一节　足球运动技术

足球运动技术是运动员在足球比赛中所采用的合理行动和动作方法的总称。它分为踢球、停球、顶球、运球与运球过人、抢截球、掷界外球、射门、守门员技术等。

## 一、踢球

踢球是指用脚的不同部位将球击向预定的目标。踢球的方法主要有脚内侧踢球、脚背正面踢球、脚背内侧踢球和脚背外侧踢球。

### (一) 踢球技术动作

#### 1. 脚内侧踢球

脚内侧踢球时，直线助跑，支撑脚踏在球的侧方 15 厘米左右处，膝关节微屈，在支撑脚着地的同时，踢球腿以髋关节为轴由后向前摆动。在前摆的过程中屈膝外转，使脚内侧正对出球方向，小腿加速前摆，脚尖稍翘起，脚掌与地面平行，用脚内侧部位推送或敲击球的后中部。

#### 2. 脚背正面踢球

脚背正面踢球时，直线助跑，最后一步稍大，并要积极着地，支撑脚踏在球的侧方 10～20 厘米处，脚尖正对出球方向，膝关节微屈；同时踢球腿向后摆动，小腿弯曲。在支撑脚着地的同时，以髋关节为轴，大腿带动小腿由后向前摆。当膝关节摆到接近球的正上方的一刹那，小腿做爆发式前摆，脚背绷直，脚趾扣紧，以脚背的正面击球的后中部。踢球腿随球继续向前摆，重心随惯性向前移动。比赛时常用于踢定位球、空中球、反弹球及倒勾球等。

### 3. 脚背内侧踢球

脚背内侧踢定位球时，斜线助跑，助跑方向与出球方向约成45°角。支撑脚以脚掌外沿积极着地，踏在球的侧后方 20～25 厘米处，屈膝、支撑脚脚尖指向出球方向，身体微向支撑脚一侧倾斜。支撑脚着地同时踢球腿以髋关节为轴，大腿带动小腿由后向前摆，当身体转向出球方向，膝盖摆到接近球的内侧正上方的一刹那，小腿做爆发式前摆，脚尖稍向外转，脚面绷直，脚趾扣紧，脚尖指向斜下方，以脚背内侧踢球的后中部，踢球腿随球继续前摆。

### 4. 脚背外侧踢球

脚背外侧踢球时，助跑、支撑脚的位置和踢球腿的摆动基本与脚背正面相同。只是在踢球腿的膝盖摆到接近球的正上方的一刹那，小腿做爆发式前摆时，膝盖和脚尖内转，脚面绷直，脚趾扣紧，以脚背外侧部位踢球的后中部，踢球腿随惯性继续前摆。比赛常用于踢定位球、弧线球或弹拨球。

## (二) 踢球技术练习方法

### 1．脚内侧踢球练习

(1) 原地做无球踢球的模仿练习，主要体会摆动腿以髋关节为轴，大腿带动小腿的摆动方法。

(2) 做向前跨一步的踢球模仿练习，主要体会支撑脚的站位和摆动腿的配合。

(3) 助跑 3～5 步的踢球模仿练习，主要体会支撑脚的站位和摆动腿的摆动以及协调、连贯的用力技术。

(4) 学生两人一球，一人用脚底踩球，另一人做原地或上一步的踢球练习。要求踢球力量不要过猛，主要体会支撑脚的选位和摆动腿的摆动动作。

(5) 对网或足球墙踢球练习。开始距离 5 米左右，用力不要太大，待动作熟练后逐渐加长距离，主要体会踢定位球的动作要领。

(6) 两人相距 6～8 米传球，要求力量不要过大，方向踢准。

(7) 将学生分成若干队，每两队一组，踢迎面抛来的地滚球。每队第一人踢球后跑向队尾，迎面第一人将球接住，轻抛地滚球给对方第二人，然后回到队尾，第二人踢球后，迎面第二人再轻抛给对方第三人。依此类推，直至最后一人踢完，双方轮换做抛球人。

(8) 面对足球墙，相距 10 米，在墙上靠近地面画 1 米宽、0.5 米高的球门，要求踢出的球踢进球门内，每人踢 10 个球，看谁踢进的次数最多。

**2. 脚背正面踢球练习**

(1) 原地模仿练习，要求绷脚面，脚趾扣紧，体会摆腿及脚形的正确技术。

(2) 上一步模仿练习，体会支撑脚站位与摆腿的配合技术。

(3) 助跑 3～5 步对墙踢球练习，体会脚背正面踢球的完整技术。

(4) 在足球墙距地面高 1 米处画直径为 1.5 米的圆，学生距墙10 米向圆圈内踢球。每人只有一次机会，但踢进圆圈的可以连踢，看谁累计数量多。

(5) 在场地上画若干直径为 2 米的圆，学生站在距圆 20 米处踢高球，使其落点在圆内，看谁踢得准。

(6) 同上练习，在学生与圆之间空中拉一皮筋，要求踢出的球越过皮筋，落点在圆内。

**3. 脚背内侧踢球练习**

(1) 原地和上一步模仿练习，主要体会支撑脚的位置，身体向支撑脚一侧倾斜。

(2) 助跑踢球的模仿练习，主要体会助跑方向和弧形摆腿的路线、方向及两腿的配合。

(3) 两人相距 10 米，互相踢球练习。

(4) 距足球墙 6～8 米，在墙上 1 米高处画圆，要求踢出的球踢进圆内。

(5) 距球门 15～20 米踢定位球练习，要求踢球力量大，方向准确。

(6) 在罚球弧附近分组进行射门练习，一组在门后捡球，看哪组进球总数量多。

**4.脚背外侧踢球练习**

(1) 原地模仿练习，踢球时脚面绷直，足尖内转，体会摆腿踢球的正确技术。

(2) 上一步模仿练习，体会支撑脚站位与摆腿踢球的配合技术。

(3) 原地反复轻踢实心球练习，体会脚触球的部位。

(4) 两人一球，面对面进行踢球练习。开始可缩短距离，动作熟练后可适当加长距离，主要体会摆腿方向，击球点和摆腿的力量。

(5) 踢弧线球射门。在正对罚球弧靠近球门处插两根相距 3 米的标杆，使射出的球绕过标杆进入球门。

# 二、停球

停球是指有目的地用身体的合理部位，将运行中的球停留在所控制的范围之内。常用的停球方法有脚内侧停球、脚底停球、脚背正面停球、脚背外侧停球和胸部停球。

## (一) 停球技术动作

### 1.脚内侧停球

停地滚球时，身体正对来球方向，支撑脚的脚尖与来球方向一致，膝微屈。停球腿提起屈膝外转并前迎，足尖稍翘起，使足内侧对准来球，当脚与球接触前的刹那开始后撤，以缓冲来球的力量，把球停留在便于衔接下一个动作的控制范围内。

停反弹球时，支撑脚跨步踏在球落点的侧前方，膝关节微屈，上体稍前倾并转向停球方向。停球脚提起，踝关节放松，脚内侧对准球反弹方向，当球刚弹离地面时，用脚内侧推压球的中上部，将球停留在便于衔接下一个动作的控制范围内。

### 2. 脚底停球

停地滚球时，身体面对来球方向，当球接近体前，支撑脚踏在球的侧后方，足尖正对来球，膝部关节微屈。停球腿抬起，膝部弯曲，脚跟离地低于球，脚尖翘起高于球，当球刚刚接触脚掌时，脚掌轻轻下压球的中上部，将球停于脚下。

停反弹球时，支撑脚跨步踏在球落点的侧后方，膝关节微屈，维持身体平衡。停球腿部膝关节弯曲，足尖翘起，前脚掌对准球的反弹方向，当球弹离地面的一刹那，用停球脚的前脚掌触球的后上部并下压，将球停留在脚下。

### 3. 脚背正面停球

停球前，身体面对来球，支撑腿微屈维持身体平衡。停球腿屈膝抬起，小腿前伸主动迎球，用脚背正面接触球的底部，当脚背触球前的一刹那，小腿下撤以缓冲来球力量，同时膝关节和踝关节放松，将球停留在体前适当的位置。

#### 4. 脚背外侧停球

停地滚球时,停球脚稍提起,膝关节和脚内转,用脚背外侧正对来球,在支撑脚的前侧方接触球的侧后方(偏支撑脚一侧),脚与球接触的一刹那向外侧轻拨,将球停在侧方或侧前方。

停反弹球时,面对来球,支撑腿的膝关节微屈,停球脚在支撑脚前方稍提起,脚内翻,使小腿与地面成一定角度,踝关节放松,当球刚反弹离地时,用脚背外侧触球的侧上部,将球停在体侧。

#### 5. 胸部停球

挺胸停球时,身体正对来球,两脚前后开立,两膝弯曲,上体后仰,重心落在两脚之间,两臂自然张开,微收下额,当球运行到胸部接触的一刹那,两脚蹬地,胸部上挺、憋气,使球触胸后向前上方弹起、改变运行方向然后落于体前。

收胸停球时,身体正对来球,两脚前后开立,两臂自然张开,重心前移,挺胸迎球,当球运行至胸部接触前的一刹那,重心迅速后移,收胸、收腹以缓冲来球力量,将球停于体前。

### (二) 停球技术练习方法

#### 1. 原地徒手模仿

练习体会动作方法,或在走动中和跑动中模仿练习,体会动作方法和要领。

#### 2. 停地滚球练习

(1) 两人一球,相距 10 米,一人用手抛地滚球,另一人迎上,用脚内侧将球停在体前或体侧方。

(2) 两人相距 15～20 米，一人用脚内侧将球传给对方，另一人用脚内侧将球停住，同时用脚内侧将球回传。

(3) 两组相距 15～20 米，一组的第一人用脚内侧将球传给对方，然后排到队尾，另一组的第一人用脚内侧将球停住后再用脚内侧回传。

(4) 每人一球面对足球墙做踢球练习，将弹回的地滚球用脚内侧停住。

### 3. 停反弹球练习

(1) 每人一球，自抛自停。当球抛起后可用脚掌、脚内侧、脚背外侧等部位进行停反弹球的练习。

(2) 每人一球，自踢自停。用脚背正面颠球 2～3 次后使球落地，然后分别用脚掌、脚内侧、脚背外侧等部位进行停反弹球练习。

(3) 两人一球，互抛互停。一人抛弧线球，另一人迎上，用脚掌、脚内侧或脚背外侧等部位停反弹球练习。

(4) 两人一球，互踢互停。两人相距 20 米左右，中间插一标杆，互相传球，使球越过标杆。然后，练习用脚掌、脚内侧或脚背外侧停反弹球。

(5) 三人各相距 20 米左右进行三角传球，练习用脚掌、脚内侧或脚背外侧停反弹球。

### 4. 停空中球练习

(1) 每人一球，自抛自停。将球抛起后用挺胸停球方法进行停球练习。

(2) 两人一球，互抛互停。一人抛高空弧线球或平直球，对方用挺胸停球或收胸停球方法将球停下，再用同样方法回抛。

(3) 每人一球，自踢自停。用脚背正面将球踢起，然后跑上前去，用挺胸停球法将球停下。

(4) 两人一球，互踢互停。两人相距25～30米互相踢球，根据来球的高度，用挺胸或收胸停球法进行停球练习。

(5) 停球比赛。两组相距15米左右为一队，一组排头将球传给对面后跑至排尾，另一组排头将球停住后传回对面，跑至排尾，依次进行，只准用规定动作停球，看哪组先做完。

## 三、顶球

顶球是有目的地运用头的前额部位直接处理空中球的基本技术。正确运用头顶球技术，可以争取时间，抢占空间，取得空中优势。在发动和组织进攻时，可直接传递、摆渡或抢点射门；在防守时，它又可以阻截、抢断或门前排险，转守为攻。顶球的准确性取决于头触球的部位和用力方向；而出球力量的大小，则取决于来球的力量、顶球的时间、头触球的部位以及全身的协调用力。

### (一) 顶球技术动作

#### 1. 原地正额顶球

身体正对来球，两脚前后开立，膝关节微屈，上体稍后仰，重心放在后脚上，两臂自然张开，当球运行到身体垂直部位前的一刹那，后脚用力蹬地，上体迅速前摆，身体重心移向前脚，同时收下颌、颈部紧张，用前额正面顶球的后中部，上体随球继续前摆，两眼注视出球方向。

### 2. 跳起正额顶球

原地双脚起跳时，两腿先屈膝，重心下降，然后，两脚用力蹬地跳起，同时两臂屈肘上摆，在跳起上升过程中，挺胸展腹，两臂自然张开，眼睛注视来球，当跳至接近最高点时，身体成反弓形，待球运行到身体垂直部位前的一刹那，迅速收腹，上体前屈，用前额正面将球顶出，球顶出后两腿屈膝落地。

助跑单脚起跳时，可做三五步助跑，最后一步的步幅稍大，有力脚迅速蹬地，另一脚屈膝上摆、两臂屈肘上提，使身体向上腾起，并挺胸展腹，两臂自然张开，身体成反弓形，眼睛注视来球，待球运行到身体垂直部位前的一刹那，迅速收腹屈体，用前额正面将球顶出，球顶出后两腿屈膝落地。

### (二) 顶球技术练习方法

(1) 原地模仿练习，体会动作要领。

(2) 利用吊球做原地顶球练习，主要体会上体后仰，迅速前摆屈体和头顶球的部位。

(3) 两人一球，一抛一顶练习，主要体会顶球时机。

(4) 学生围成圆圈，中间一人抛球给周围的人，周围人依次把球顶回中间人。

(5) 学生围成圆圈，互相顶传练习，看哪个人的球落地数最少。

(6) 三人一球，三角顶球练习，看哪三人顶球次数最多，可规定时间比赛。

# 四、运球与运球过人

运球与运球过人是指运动员有目的地用脚的各个部位连续推拨球，使球处于自己控制范围内的触球动作。它是运动员个人控制球能力和个人进攻能力的体现，也是集体战术实力的基础之一。特别是运球过人技术增添了比赛的魅力，丰富了战术的内容，发挥了个人的技能。在比赛中，我们要鼓励运动员勇于逼近对手运球过人的行动。

## (一) 运球技术动作

### 1. 脚内侧运球

运球时，支撑脚向前跨，踏在球的侧前方，膝关节稍弯曲，上体前倾向里转。随着身体向前移动，运球脚提起，在落地之前，用脚内侧推球的后中部。在改变方向运球时，经常是用两只脚交替拨球。

### 2. 脚背外侧运球

运球时，支撑脚保持在球的侧后方，运球脚抬起时，脚跟提起，足尖稍内转，迈步前伸落地，用脚背外侧推拨球。向前跑动时身体自然放松，上体稍前倾，两臂自然摆动。

### 3. 脚背正面运球

运球时，身体正对运球方向，运球脚提起时，膝部弯曲，脚跟提起。足尖下指，迈步前伸落地，用脚背正面推拨球的后中部，向前跑动时身体自然放松，上体稍前倾，两臂自然摆动。

### (二) 运球过人技术动作

### 1. 拨球过人

以脚背内侧或外侧触球，使球向侧方或侧前方移动。比赛中，一般遇到对手从正面来抢时，可先运球逼近对手，诱使对手伸腿抢截或重心随之移动，然后运球者运用拨球动作从对手的一侧越过。

### 2. 推球过人

先运球逼近对手，诱使对手伸腿抢球，或者当对手积极后退阻截，站位失去身体平衡的一刹那，快速推球并加快起动，使球从对手胯下或体侧越过的同时，人也跟着越过。

### 3. 扣球过人

扣球过人是指运用转身、膝关节的摆动及脚踝急转压扣的动作，以脚背内侧或外侧触球，将球迅速停住或改变方向，然后运球过人。用脚背内侧扣球称为"里扣"；用脚背外侧扣球称为"外扣"。一般在正面遇到对手抢截时，可先用向两侧拨球的方法，诱使对手身体随之移动，当其重心移至一侧，迅速扣球变向从异侧超过。当侧面遇到对手抢截时，可采用向里扣或向外侧回扣的方法过人。用扣球动作改变方向后，应突然加快拨球动作越过对手。

### 4. 拉球过人

拉球过人一般在对手伸腿抢球的同时运用。先运球逼近对手，待球向前滚动速度逐渐减慢或已处于停止状态，诱使对手伸腿抢球。当对手伸腿重心前移的刹那，迅速用脚掌向后拉球闪开对手抢截，紧接着用脚内侧向外侧前方推球越过对手。

#### (三) 运球与运球过人技术练习方法

(1) 在走和跑中用单脚或双脚交替运球，熟悉球性，体会推拨球的动作。

(2) 学生成一路纵队，第一人运球绕过标杆后往回运，将球交给第二人后排到队尾，依次进行练习。

(3) 学生成一路纵队，第一人向前运球，分别绕过前方5～8个实心球再往回运。依次进行曲线运球练习。

(4) 一列横队，每人一球，按教师的口令或手势做由变向到变速，由运球到过人的运球练习。

(5) 两人一球，做一过一运球练习。

(6) 学生绕圈做各种运球、过人的练习。要求学生最好左、右脚对称依次进行。注意养成抬头运球习惯，努力做到人球兼顾、视野开阔，并强调学生在运球过人技术练习中，练、想、看、说能力综合发展。

## 五、抢截球

抢截是占据有利位置，封堵球的去路或阻挠对手自由地运动，它是运用身体的不同部位和所做的合理动作，以减慢对方推进速度，把对手控制的球夺过来或者破坏掉的一项基本技术。抢截球是防守中的主动行动，也是转守为攻的积极手段。抢截球包括抢球和截球两个内容。

(一) 抢截球技术动作

**1. 正面跨步抢球**

抢球前迅速靠近对方，做好抢球的准备，两脚前后开立，两膝微屈，重心下降，体稍前倾，面向对手，在对手运球脚触球后即将着地或刚着地时，支撑脚立即用力后蹬，抢球脚疾步跨出，膝关节弯曲，踝关节保持紧张，脚内侧正对球，触球后用力提拉。使球从对方脚背滚过，同时身体重心迅速跟上，把球控制好，若离球稍远抢不到球时，可用脚尖捅抢。

**2. 侧面抢球**

与运球者平行跑动，待对方远离自己身体一侧的脚落地时，利用合理冲撞动作，使其失去平衡而离开球，乘机将球控制起来。在冲撞时要降低身体重心，靠近对方一侧的手臂要紧贴身体。

**3. 正面倒地铲球**

两脚前后开立，两膝弯曲，身体重心下降并放在两脚间，面向对手，在对方运球脚触球后即将着地或刚着地时，一脚立即用力后蹬，另一脚沿地面向前滑铲，同时上体侧转后仰倒地，蹬地面成弧形扫踢球，将球留下或破坏掉，铲球后屈肘用手扶地或接着侧滚。

### 4. 侧后铲球

同侧脚铲球时，在运球者侧后跑动，当对方拨出球的一刹那，后脚用力后蹬成跨步，上体后仰，前脚(同侧脚)以脚外侧沿地面向外侧滑出，用脚背或脚尖将球踢出或捅出。异侧脚铲球时，当运球者拨出球的一刹那，抢球者同侧脚(后脚)用力后蹬成跨步，上体后仰，异侧脚前伸，以脚外侧沿地面向前内侧滑出，用脚掌蹬球，接着小腿、大腿、臀部依次着地。

### 5. 截球

截球是指比赛中两名队员传球时，对方队员使用踢球、顶球、铲球或停球等技术动作把球断下来或破坏掉。它根据临场需要选择使用某种动作，对于对方的传球、射门等截球时，需要用踢球、顶球或铲球等动作来完成，而对于使球处于自己控制之下的截球，则需要用停球动作来完成。

(二) 抢截球技术练习方法

(1) 学生成体操队形，按教师口令做向前跨步抢截球的模仿练习。

(2) 一人脚旁放一实心球，另一人做抢球练习，体会脚触球部位。

(3) 两人相距 4～6 米，中间放一实心球，按教师口令同时做向前跨步抢球练习，体会跨步重心前移的抢截技术。

(4) 两人相距 10 米,一人直线运球,另一人做正面跨步抢球练习。

(5) 一人直线运球,另一人在侧面做合理冲撞将球抢下。

(6) 向前自抛地滚球,追上去两脚轮换做铲球练习。

(7) 一人直线运球,另一人在侧后做铲球练习。

(8) 学生围成圆圈传球,圈内 2～3 人作为截球人,谁截到球后便站在圈上,传球失误者到圈内截球。

# 六、掷界外球

掷界外球是指按照规则的规定和要求,有目的地用双手将球从场外掷入场内,使比赛继续进行的动作技术。同时它又是一次很好的组织进攻的机会,尤其在对方罚球区附近掷界外球,其威胁更大。若不能很好地掌握这项技术,在掷球时因错误动作而造成违例,便失去一次很好的进攻机会。因此,运动员必须熟练掌握掷界外球技术。

## (一) 掷界外球技术动作

### 1. 原地掷界外球

面对出球方向,两脚前后或左右开立,两膝微屈,上体后仰成背弓形,重心移到后脚上(左右开立时,重心在两脚间),两手指自然张开拇指相对,持球侧后部,屈肘将球举至头后,掷球时后脚(或两脚)用力蹬地,迅速摆体、收腹、挥臂,当球摆至头上时用力甩腕,将球掷入场内。在掷球过程中，后脚可沿地面滑动，但两脚均不得离地。

### 2．助跑掷界外球

助跑要自然协调，速度快慢由掷球远近而定，助跑时两手持球于胸前，在迈出最后一步时，上体后仰成背弓形，同时将球举至头后，掷球时用力蹬地，迅速摆体、收腹、挥臂，当球摆至头上方时，用力屈腕，再用甩腕和手指的力量将球掷出。

### (二）掷界外球技术练习方法

(1) 原地或助跑 3～5 步，徒手掷球模仿练习。

(2) 利用实心球做原地或助跑掷球练习。

(3) 两人一球，相距 8～10 米，进行原地掷球练习。

(4) 两人一球，相距 15 米左右，进行助跑掷球练习。

(5) 掷准比赛。在前方画直径为 0.5 米的圆，前后共 5 个，每圆之间相隔 2.5 米，最远的圆距学生 27 米，最近的圆，距学生 12 米，向圆内进行掷准比赛，掷入最近的圆得 1 分，其次为 2 分，最远的是 5 分，比赛看谁得分最多。

(6) 掷远练习。两人相距 15 米，在其背后 20～25 米处各划一条胜负线，一人开始掷球，对方需从球的落点处往回掷，反复进行，先掷过对方胜负线者为胜。

## 七、射门

射门是指进攻到对方门前时，运用不同的脚法(或头顶球)将球踢(或顶)向对方的大门。射门是得分的主要手段，而破门则是比赛的最终目的，但是，射门常常是在与对手激烈的竞争中进行，需要摆脱对方的阻截、冲撞甚至一些不符合规则的粗野动作，这就要求进攻者技术全面，动作快速，真假结合、起脚突然，准确有力和良好的射门意识以及高尚的道德修养，这样才能抓住战机、破门得分。

(一) 射门技术动作

射门时运用的各种脚法或头顶球的动作本章前已叙述，掌握好射门技术的关键是起脚时机和正确、准确、有力的脚法。

(二) 射门技术练习方法

(1) 距足球墙 6 米左右，在墙上画 1.5 米高、2 米宽的长方形为球门，进行射门练习。

(2) 每人一球，在罚球弧附近进行射门练习。

(3) 在罚球点附近插两根标杆，进行射门练习，要求射出的球从标杆两侧绕过。

(4) 自己快速运球，跑动中射门练习。

(5) 两人一球，一人向侧前方传球，另一人跑上去射门。

(6) 三人一球，一人底线传中，另两人跑上去射门(可用头球射门)。

(7) 学生 6~8 人一组，利用角球进行射门练习，必须用头顶球射门。

(8) 射门比赛练习。学生 10 人一组，在罚球弧顶射定位球，看哪组进球数最多。

# 八、守门员技术

守门员技术是守门员比赛中所采取的有效防御动作技术和在接球后所做的有助于本队进攻的动作技术。

守门员是全队的最后一道防线，他的主要任务是不让球射入本方球门，除要求守门员要沉着冷静，具有顽强的意志、快速敏捷的反应能力和全面熟练的守门技术外，还要善于观察全局，及时注意攻守变化情况，扩大自己在罚球区的活动范围，尽量截获来球，起到协助指挥全队防守和进攻的作用。

## (一) 守门员技术动作

### 1. 位置选择

位置的选择应根据射门地点和射门角度来决定。一般应站在射门时球与两门柱所形成的分角线上，为了扩大防守面，可根据射门距离适当前移。

### 2. 准备姿势

两脚左右开立与肩同宽，两腿自然弯曲，膝稍内扣，脚跟提起，重心落在前脚掌上，上体稍前倾，两臂自然弯曲，手指张开，掌心向下，两眼注视来球。

### 3．移动

侧滑步移动时，先用左(右)脚用力蹬地，右(左)脚稍离地并向右(左)滑步，左(右)脚快速跟上，使身体正对来球。

交叉步移动时，身体先向右(左)倾斜，同时左(右)脚用力蹬地并快速向右(左)前方跨出一步成交叉步，然后右(左)脚向右(左)侧移动，左(右)脚和右(左)脚依次快速移动，并蹬地跃起。

### 4．接球

(1) 接地滚球。

直腿式接地滚球时，两腿左右分开约一拳，足尖正对来球，上体前屈，两臂并肘前迎，两手小指靠近，手掌对着球。当手触球的刹那随球后引并屈肘、屈腕、两臂靠近，将球抱于胸前。

单腿跪撑式接地滚球时，身体正对来球，两脚稍前后开立，一腿弯曲来支撑身体重心，另一腿内转跪撑，小腿内侧接近地面，膝盖靠近前脚脚踵，上体前屈，两臂下垂，两手小指相对，手掌对准来球前迎，当手触球的一刹那，两臂靠近随球后引，屈肘屈腕将球抱于胸前。

(2) 接平直球。

接平直球时，身体正对来球，两脚左右开立，两臂微屈前伸，手指张开，拇指相对，手掌对准来球，当手触球时，两臂顺势后引，转腕将球抱于胸前。

(3) 接高球。

接高球时，两臂上伸迎球，手指张开，拇指相对成八字形，当球触手时，两臂顺势屈肘后引，转腕将球抱于胸前。

### 5. 扑球

倒地扑侧面低球时，右(左)脚迅速蹬地，左(右)腿屈膝向左(面)跨出一步，身体左(右)侧着地后，接着以小腿、大腿、臀部、上体和手臂的侧面依次着地，同时两臂向前伸出，左(右)手掌正对来球，另只手在其上方，两手腕稍向内屈，触球后把球收回胸前，然后站起。

鱼跃扑侧面地滚球时，两膝弯曲，重心下降，在身体向扑球方向侧倒的同时，同侧脚用力蹬地跃出，挺胸使身体展开，两臂快速伸出，两手指展开，手掌对球，向球扑去，以两手按球，前臂、肘、肩部、上体、臀部、大腿、小腿侧面依次着地，并以屈肘，扣腕的连续动作将球抱于胸前，同时屈膝团身，站起。

### 6. 拳击球和托球

当遇到迅疾而有力的高球且球门附近又比较混乱时，守门员没有把握将球接稳或者有对方猛烈的冲撞，为了避免接球脱手，常采用拳击球和托球的方法，把球处理掉。

单拳击球时，屈肘握拳于肩前，身体跳起，接近来球，在击球前的一刹那，快速冲拳，以拳面将球击向预定目标。

双拳击球时，两臂屈肘握拳于胸前，两拳靠拢，拳心相对，当跳起接近最高点至触球的一刹那，两拳同时快速冲出，以拳面将球击向预定目标。

托球时，跳起后全身伸展成背弓，一臂快速上伸，掌心向上，用手掌前部或手指用力将球向后上方托起，使球越过门梁。

### 7. 掷球

单手肩上掷球时，两脚前后开立，两膝弯曲，单手持球屈臂于肩上，持球手臂后引，同时身体侧转，重心移到后脚上，利用后脚蹬地、转身和挥臂甩腕的力量将球掷向预定目标。

单手低手掷球时，两脚前后开立、两膝弯曲，单手持球于体侧，持球手臂后引，手腕前屈，同时身体侧转成侧前屈，重心移到后脚上，利用后脚蹬地、向前摆臂、展腕和手指拨球的力量，将球掷向预定目标。

勾手掷球时，两脚前后开立，身体侧对出球方向，单手持球后引，臂微屈，同时重心移到后脚上，接着后脚用力蹬地，转体，重心移向前脚，持球手臂由后经体侧沿弧线摆至肩上时，手指和手腕用力将球掷向预定目标。

### 8. 抛踢球

抛踢球是守门员将所获得的球，直接踢自抛下落的球或踢自抛的反弹球传给同队队员的踢球方法，这两种踢球技术与脚背正面踢球基本相同，但由于要求踢得远，故脚触球的部位一般为球的后下部，向前上方踢。

### (二) 守门员技术练习方法

(1) 按教师的手势进行前、后、左、右的移动练习，要求保持随时准备出击的预备姿势。

(2) 两人一球进行一抛一接练习。先接正面地滚球，然后接平直球和高空球。

(3) 两人一球，一踢一接练习。按地滚球、平直球和高空球的顺序进行，要求踢球者力量不要太大，接球者脚步移动要快。

(4) 接连续抛来的球。要求抛球者变换不同角度，接球者手法正确，球不脱手。

(5) 双手举球跪在沙坑或垫上，然后腿、上体、手臂依次倒地，成扑地滚球姿势。

(6) 跪在沙坑或垫上，按扑地滚球的动作扑向适当位置的固定球。

(7) 站立扑接侧面抛来的地滚球。

(8) 守门练习，接不同角度射来的各种球。

(9) 进攻队员从罚球区线开始运球，当守门员冲出到球门区线时，运球队员把球推向球门的两侧底角，守门员迅速转身回跑扑球，应注意推球的力量要适当。

## 第二节  足球运动战术

足球比赛是由攻、守这对矛盾组成的，因此，足球战术可以分为进攻和防守两大系统，在进攻和防守战术中都包含着个人和集体战术，又可分为个人战术、局部战术、整体战术、定位球战术和防守战术。

# 一、足球运动战术的形式

## (一) 个人战术

(1) 摆脱与跑位。

摆脱对手紧逼的方法可以采用突然起动、冲刺跑、急停、突然变向、变速和假动作等。

跑位就是有目的地跑向有利位置或空当。

(2) 运球过人。

运球过人是进攻战术中一种极为重要的个人战术。运球过人是调整、扰乱对方防线造成以多打少，觅得传球空当，突破密集防守，获得射门机会的有效手段。

## (二) 局部战术

两三人的传球配合是集体配合的基础，在任何场区都可能出现。包括在进攻时，两人之间的传切配合，直传斜插二过一，回传反切等；在防守时二至三人的保护、补位、围抢等。

## (三) 整体战术

整体战术由个人战术及局部战术组成，整体性战术的具体打法千变万化，大致可将其归纳为两类：即边路进攻和中路进攻，一次完整的进攻都由发动、发展和结束三个阶段组成。

发动阶段：可有两种方式发动进攻，一种是快速反击，另一种是逐步推进。

发展阶段：一般指中场附近到对方罚球区附近的进攻，通过中场要快，就是说发展阶段不要过多的横、回传。通过前方队员的交叉跑动，而出现空当时，应立即将球传向空位，或自己快速运球突破，把球推向对方门前。

结束阶段：一般指距对方球门 30 米左右的进攻，这个阶段的进攻拼抢激烈，防守人数众多，逼得又紧。所以，结束阶段的进攻要有快速突然的特点，并要有一点冒险精神。

(1) 边路进攻：在对方半场两侧地区发展的进攻称为边路进攻。一般是快速下底传中或回扣传中，中间包抄射门或跟进射门。

(2) 中路进攻：在对方半场中间地带发展的进攻称为中路进攻。罚球区外的远射是打破密集防守的最好方法。

(四) 定位球战术

踢定位球在实战中是常遇到的。有时一场比赛的胜负往往决定于定位球战术运用得如何。因此，在日常训练中，对定位球的战术要加强练习。

(1) 定位球的进攻战术。

定位球的进攻战术可分为角球、球门球、点球、直接任意球、间接任意球、中圈开球、掷界外球等。

① 直接射门：罚直接任意球时，如距球门较近，防守组织的

"人墙"有漏洞或守门员位置不当，可采用直接射门。

②　配合射门：踢球队员把球传过人墙，同队队员快速插上射门。

(2) 定位球的防守战术。

定位球的防守一方对攻方的定位球战术必须有很好的了解，并能相应地有一整套的防守战术和方法。一般"人墙"由两人到六人组成，"人墙"可封堵距球门较近的一侧，"人墙"要听守门员的指挥，其他防守人员则负责盯人、守区域，而不要站在"人墙"线的后面，因为这时的"人墙"线就是限制进攻队员的越位线。

## (五) 防守战术

### 1. 选位与盯人是防守战术中的重要内容

选位是指防守队员在防守的选择中占据合理的防守位置。防守队员的位置一般应处于对手与本方球门中心所构成的一条直线上。在回防过程中，防守队员应根据自己的防守范围与对手情况，迅速选择有利位置，并朝着本方球门退却收缩，以便封锁对方进攻路线。

盯人是指防守队员在防范与限制进攻队员时所采取的行动。一般情况下，对有球队员及其附近队员应采用紧逼盯人，贴近对手，不给对手从容得球与处理球的机会；对离球远的对手可采用松动盯人的战术。

**2. 保护与补位、围抢等是局部防守配合的关键**

保护是指在同伴紧逼控球队员时，自己选择有利位置来保护同伴，防止对手突破的配合行动。保护是补位的前提，没有保护也就不可能做到有效的补位防守。

在防守中，积极主动地逼抢控制球队员是十分重要的，因此，防守队员之间必须进行相互保护。当距球较近的同伴逼抢对手时，临近的队员应撤到同伴的侧后方进行保护，对手一旦越过同伴的防守，便可随时补位。

补位是防守队员之间互相协作防守的一种方法。它有两种形式：一种是补空位，如边后卫插上进攻时，有一同伴应暂时补他的位置，以防在插上进攻失误时，对方利用这一空当进行反击；另一种是相互补位，即交换防守，相互补位一般都是临近的两个同伴之互相交换防守，这样能减少漏洞。

围抢是指几个防守队员同时围抢对方控制球员的防守配合。围抢的出现与运用是现代足球比赛的特点。在防守中除提高个人防守能力外，可增加局部地区的人数，以多防少进行围抢来提高防守效果。

**3. 全队防守战术的主要形式**

(1) 人盯人防守。

人盯人防守是在由攻转守的情况下，每个防守队员盯住对方一个相应的对手，封锁对方的进攻活动，不给对手任意活动及传球或控球的机会。这种防守方法虽然积极，但如果防守队员不能看住自己的对手，就会使防线出现很大漏洞，同时消耗体力较大，因此，在比赛中单纯采用人盯人防守方法的比较少。

(2) 区域盯人防守。

区域盯人防守是在由攻转守的情况下，根据场上队员位置的分布，每个防守队员防守住一个区域，在对方某一队员跑入本区时，就用盯人的方法积极防守，限制对方的进攻。这种防守方法虽然节省体力，缺点是对方可以任意交叉换位或传接球，造成局部地区以少防多的被动局面。目前这种比较消极的防守方法在比赛中已很少采用。

(3) 综合防守。

综合防守是把人盯人防守和区域盯人防守结合起来。有的队员进行区域盯人，有的队员进行对号盯人；或者在有的区域进行盯人防守，有的区域采取区域盯人防守。

### (六) 比赛阵型

比赛阵型是根据主客观的情况，结合本队的特点，有针对性地安排场上的比赛位置和任务。比赛阵型从足球运动产生之日起就在不断地变化和改进，这是教练员不断探索以及队员进攻和防守能力不断提高的结果。如果一个队员掌握了多种变化的比赛阵型，并敢于在比赛中充分地应用，那么他将是一个最危险的对手。但是必须注意，任何比赛阵型仅仅是一个总的纲领和大体的布局，要靠每个队员去创造性地应用和发挥。比赛中，创造性和灵活性地应用比赛阵型是取胜的决定因素，下面介绍几种比赛阵型。

(1) "WM"阵型。

"WM"阵型的实质在于队员比较平均地分布在场地上，其中有3名后卫、2名前卫和5名前锋。前锋中有两名内锋稍拖后，中锋和边锋突前进攻。"WM"制的主要战术配合是中场四边形的活动(即两名内锋和两名前卫)。这个四边形根据场上的形势时而放大助攻，时而收缩防守，构成了各线的平均负责制。每个队员都有固定的防守对象：边后卫防守对方边锋，中后卫防守对方中锋，前卫防守对方内锋。后来有的队采取前锋交叉换位的战术，这样大大削弱了对方的防守效果，因而极大地活跃了进攻队的战术配合活动。此阵型在20世纪30、40年代被世界各国广为应用。

(2) "424"阵型。

"424"阵型是巴西人在第六届世界杯足球赛上运用的比赛阵型，并收到了极好的效果，因而在全世界被广泛推广。该阵型的特点在于以两个中后卫为核心，人数较多的密集防守线，同时又组成了两个中锋两个边锋的进攻线，因而进攻线也得到了加强。除此之外，由于边后卫频繁的插上助攻，更加重了对方防守的困难。这种阵型中两个前卫要担负起组织中场进攻和防守的艰巨任务。

(3) "433"阵型。

"433"阵型阵型中有四个后卫三个前卫，在防守中可以形成多种形式的战术配合。三个前锋担负进攻的任务。特别是中场的三个前卫能够密切地与前锋、后卫协同配合，进行交叉换位。因而这种阵型在进攻上隐藏着极大的突然性。有时拖后的前卫会突然地出现在前锋位置上，给对方防守线上出其不意的打击。这种比赛阵型的关键问题是要求每个队员都能够进行机动灵活的交叉换位。

(4) "442"阵型。

"442"阵型的最大特点是能牢固地控制中场的主动权，极大地增强防守线的力量。同时，中场队员和边后卫大范围的穿插配合，也为进攻创造了有利的条件。这种比赛阵型适用于那些技术战术全面的队员，特别是掌握了灵活换位的队员。

近几年，世界足球还出现了 4 条线、5 条线，甚至更多条战线的比赛阵型。

## 二、足球运动战术的关键环节

足球技术在不断发展，战术也相应地在发展，现代足球战术已发展到既简练实用又丰富多彩的较高水平。当然，每一阶段新战术的出现，也相应地促进了技术水平的提高。因此，在一定程度上，技术和战术是不可分割的统一体。

(1) 在练习技术方面，我们一定要抓好身体素质这方面的练习。因为，现代足球运动正向快速和拼抢激烈的方向发展。十分明显，优秀足球运动员没有良好的身体素质是不行的。

(2) 在技术训练中，要让每个队员在熟练掌握各项基本技术的基础上，狠抓技术的关键和技术动作的衔接。抓好以上两点，就能使队员在比赛中完全自如地运用各项技术，从而在比赛中掌握主动权。

（3）在战术练习中，主要应结合本队和比赛的赛际条件。在制订战术时，教练员首先要对本队每一个队员的风格、技术、意识和身体素质等各方面情况都应有透彻了解。只有在此基础上才能安排队员最适当的位置，从而使他们在自己的位置和区域里发挥他们应有的潜力与作用。另外，还必须仔细观察队员之间在实际比赛中的思想和行动上的战术默契程度。安排得当会增加队员之间的相互信任，有助于调动全体队员的积极性、主动性和创造性，发挥彼此特长，增强必胜的信念。

## 三、足球运动战术配合要求

无论是整体配合还是三两人的区域进攻配合，都要具备以下三点：

（1）配合的时机要恰到好处。

（2）技术的正确运用要合理。

（3）配合结束时要求人到位、球到位。

## 四、足球运动战术练习中应注意的问题

各种技术的合理应用包含着丰富的战术内容。因此，战术的训练要密切结合技术的练习。练习技术时密切联系战术的实际需要，这样才能在比赛中应用自如。

（一）进攻原则

（1）制造宽度：当队员得球时，其他同伴要充分利用场地的宽

度进行摆脱和跑位。通过积极地摆脱与跑位的配合，把防守队员拉开，制造防守上的漏洞。

(2) 加大深度：指的是渗透、突破。通过制造宽度拉出空当，切入空当传球突破，称为进攻的深度。

(3) 机动灵活：在实施进攻战术的过程中，除了制造宽度、深度外，当对方防守比较严密时，要求队员能机动灵活地运用各种有球、无球的活动，打乱对方的防线和迅速利用空档。

(4) 应变能力：指的是队员在突破对手切入门前空当将要射门时，排除阻挠和困难的临场应变能力。

### (二) 防守原则

(1) 延缓对方的进攻：攻队一旦失球，离对方控球队员最近的队员就要立即阻挠和封堵控球队员，以延缓运球突破和传球的时间，不给对方进行快速反击的机会，使同伴们能迅速回防。

(2) 保持平衡：在失球后除了阻挠对方控球的队员外，其他队员都应立即迅速回防，使防守队员在人数上与进攻队员相等，以便组织严密防守。

(3) 收缩：每个防守队员要看好相应的对手，按场区及要求采用紧逼或松动盯人，并逐渐缩小防守者相互间的距离，以便保护和补位，不被对方拉开空当，在有把握的情况下截获对方的传球。

(4) 控制：每个队员都要紧紧逼住对手，不让对方有任意传接、运控球的自由，然后组织好抢截力量，把对方控制的球抢过来，变守为攻。

## 第三节 足球运动竞赛规则

### (一) 比赛场地

足球比赛场地必须是长方形的场地,在场地中没有宽度不超过 12 厘米的各种标准线,球场总长度不得大于 120 米或小于 90 米,其总宽度不得大于 90 米或小于 45 米,国际足联规定世界杯决赛阶段的比赛场地为长 105 米、宽 68 米。国内基层比赛的场地可因地制宜。但在任何情况下,球场的长度必须大于宽度,场地各区域的面积不得变更。

### (二) 比赛用球

球体要圆,球的圆周为 68～71 厘米,重量为 396～453 克,充气后的压力等于 0.6～1.1 个大气压。

比赛用球应准备两个,如果在比赛中,球爆破或漏气,比赛应暂停。更换新球后,在暂停时球所在地点用坠球的方法恢复比赛。

### (三) 队员及其装备

(1) 比赛时,每队上场不得超过 11 人,其中必须有 1 人为守门员。在比赛开始或比赛进行中如果某队队员不足 7 人时,比赛不能进行。

(2) 队员因伤或其他原因可以换人，正式比赛只限 3 人替补场上队员。

(3) 守门员可与场上队员互换位置，但必须事先通知裁判员，并应在比赛成死球时进行。

(4) 替补队员必须在成死球时，经裁判员允许方可进场。

(5) 队员在比赛中不得擅自离场，否则为不正当行为，裁判员应给予警告。

(四) 比赛时间与比赛开始

(1) 正式比赛时间为 90 分钟。分为上、下半时各 45 分钟，中间休息 10 分钟。

(2) 凡竞赛规则规定要决出胜负的比赛，90 分钟踢成平局，要加时 30 分钟，在加时赛前休息 10 分钟，并重新挑边。决胜期时间仍分上、下半时各 15 分钟，中间换场地不休息。决胜期的比赛，先进球的一方胜，比赛即告结束(即"金"球制胜法)。如双方都未进球，要以罚点球决出胜负。

(3) 开球不能直接射门得分。

(4) 除罚"点球"外，比赛时间终了，均应立即鸣哨结束比赛。

(五) 球在比赛中成死球

(1) 当球的整体从场地或空中全部越出边线或端线时，为球出界，即为死球。

(2) 比赛进行中裁判员鸣哨即为死球。

### (六) 计分方法

球的整体从两门柱中间，横木下面，从空中或地上越过球门线外沿的垂直面，为胜一球。

### (七) 任意球

任意球分直接任意球和间接任意球两种。直接任意球又称为"一脚球"，可直接射入对方球门有效。间接任意球又称为"两脚球"，直接射入球门无效，只有再触及其他队员后而进入球门者方为有效。

罚任意球时，被罚队员必须退出距球 9.15 米范围以外，如果罚球地点距球门不足 9.15 米，则允许防守队员站在球门线上。

### (八) 罚点球

(1) 在罚点球时，在球被踢出前，守门员的两脚必须站在球门线上，不得移动。否则，球未踢进，则重罚。

(2) 在罚点球时，双方队员都应站在禁区外，裁判员鸣哨后，主罚队员方可射门。

### (九) 掷界外球

(1) 球越出边界时，由出界前最后触球队的对方在球出界处掷界外球。掷界外球时，可将球掷向场内任何方向。

(2) 掷界外球的规定是，双手持球置于头后方，面向场内，两手同时用力不间断地从头后经头顶用一个完整动作将球掷入场内。

(3) 掷界外球不能直接得分。

(4) 界外球掷入场内，未经其他队员触及前，掷球队员不得再触球。

## (十) 球门球

(1) 进攻队员将球踢出对方端线，由对方踢球门球。

(2) 踢球门球时，必须直接把球踢出罚球区，才算进入比赛。

(3) 踢球门球直接射入对方球门不得分。

## (十一) 角球

当球被防守队员踢出本方端线，由对方踢角球。踢角球时，不得移动旗杆，必须将球放在角球区内执行。踢角球可以直接射门得分。

## (十二) 越位的规则

(1) 进攻队员较球更近于对方端线者，即处于越位位置。下列情况除外：

① 该队员在本方半场内。

② 至少有两名防守队员较其更接近对方端线。

(2) 队员在传球的一刹那，其同队队员处于越位位置，裁判员认为该队员有下列情况时，应判罚越位：

① 干扰比赛或干扰对方。

② 企图从越位位置获得利益。

(3) 下列情况不应判为越位：

① 仅仅是处在越位位置。

② 直接接得球门球、角球、掷界外球或裁判员坠落地的球。

(4) 队员被判罚越位，应该由对方队员在越位犯规地点踢间接任意球。

根据国际足联最新规定，守门员除外，进攻队员和防守队的最后一名队员平行时，不算越位。判罚越位的时间，不是在进攻队员接球的一刹那，而是在进攻队员传球的一刹那。

### (十三) 犯规与不正当行为

#### 1. 判罚直接任意球和"点球"

队员故意违犯下列九项规定中的任何一项，由对方罚直接任意球；防守队员在本方罚球区内违犯其中任何一项规定者，应被判罚"点球"：

(1) 踢或企图踢对方队员。

(2) 绊摔对方队员。

(3) 跳起冲撞对方队员。

(4) 猛烈地或带有危险性地冲撞对方队员。

(5) 从背后冲撞对方队员。

(6) 打或企图打对方队员，或者向对方队员吐唾沫。

(7) 拉扯对方队员。

(8) 推对方队员。

(9) 用手或臂部携带、击或推球者。

## 2. 间接任意球

队员违反下列任意一项规定，由对方队员在犯规地点罚间接任意球：

(1) 裁判员认为其动作有危险者。

(2) 队员用肩部做合理冲撞，但目的不在抢球，而球又不在其控制范围以内者。

(3) 队员不踢球，故意阻挡对方队员者。

(4) 冲撞守门员者。

(5) 守门员在本方罚球区内违例：

① 守门员持球行走四步以上，未将球发出。

② 守门员虽在行走四步以内将球发出，但在球未经其他队员触及前，再次用手触球(守门员在行走四步以内不能两次用手拿球)。

③ 裁判员认为守门员持球时间过长或有意延误时间，以使本队获得利益。

④ 守门员不能用手接同队队员用脚传的回传球。

## 3. 处罚

(1) 比赛有下列情况，运动员应被给予警告：

① 比赛开始后，未经裁判员允许进场或离场。

② 连续违反规则。

③ 用语言或行动对裁判员的判决表示不满。

④ 有不正当行为。

(2) 比赛中有下列情况，运动员应被黄牌警告：

① 不服从裁判的判罚。

② 对裁判的判罚表示不满的手势或举动。

③ 抗议或干扰裁判员执行判罚。

④ 把球从裁判员规定的位置踢走。

⑤ 故意把球踢(掷)走，表示抗议裁判员的判罚，

⑥ 煽动队员进行粗野的比赛行为者。

⑦ 挑动群众对裁判员不满，给裁判员施加压力者。

⑧ 用语言或行动侮辱对方队员或工作人员。

⑨ 故意延误时间。

⑩ 罚任意球时故意不退出 9.15 米范围以外。

⑪ 跳跃、移动、下面阻挡守门员发球。

⑫ 比赛中任意移动角旗。

⑬ 大声叫喊，威胁对方。

⑭ 故意用手接、拍球破坏对方进攻者。

⑮ 对已经切入直接威胁对方球门的攻方队员实行犯规战术者。

(3) 在比赛中，有下列情况，运动员应被罚出场：

① 犯有暴力行为。

② 严重犯规。

③ 经黄牌警告后，犯规又被第二次黄牌警告者。

## 课后练习与思考

1. 你喜欢欣赏足球比赛还是喜欢踢足球？为什么？

2. 哪些情况不应判为越位？

# 第三章

# 排 球 运 动

排球运动于 1895 年起源于美国，是由美国马萨诸塞州的霍利奥克城的青年会干事威廉·摩根设计和发明的。排球比赛从发球开始，然后双方运用垫球、传球、扣球、拦网等技术动作，组成进攻和防守技、战术。

参加排球运动能加强人体力量、弹跳、速度、灵敏、耐力等身体素质；提高人体中枢神经系统和内脏各器官的功能，增进身体健康；并培养勇敢顽强、机智灵敏、吃苦耐劳、遵守纪律、团结友爱等集体主义的精神。

## 第一节　排球运动技术

排球运动的基本技术是在规则允许的条件下所采用的各种合理的击球动作的总称。它由步法和手法两部分组成。

# 一、准备姿势和移动

## (一) 准备姿势

准备姿势有平行站立法和两脚前后错开站立法两种。

平行站立法，即两脚开立，脚尖稍向内，脚跟提起，着力点在前脚掌内侧，两膝半蹲稍内扣，膝垂线超出脚尖，重心落于两脚之间，上体适当前倾，两手置腹前，两眼注视来球，保持随时起动状态，并用余光注意场上队员位置，及时调整站位。

两脚前后错开站立法是习惯右手的人常使用的方法，左脚向前迈出半步，右脚跟提起。

## (二) 移动

移动的目的是使身体接近球并做好准备姿势。当准确判断后，根据来球距离、速度的不同，采取相应移动步法，快速移动。通常采用的移动步法如下：

(1) 并步法：当来球距身体约一步左右时适合采用这种方法。移动时，前脚先向前或向两侧迈出一步(步幅大小根据情况而定)，同时后脚向前用力蹬地，或向两侧用力蹬地。当前脚落地后，后脚迅速跟上成接球前的准备姿势。

(2) 跨步法：当来球较低，离身体 1 米左右的距离时可采用这种方法。移动时，一脚支撑并蹬地，另一脚向来球方向跨出一大步。跨出脚的同侧膝部要深蹲，重心移至跨出的腿上，上体前倾，胸部几乎贴近大腿，臀部下降，后腿自然伸直或随着重心前移而跟着上步成接球的准备姿势。

(3) 跨跳法：当来球离身体 3 米左右距离时，为了迅速接近来球，可用跨跳步法。跨跳时，两脚用力蹬地，使身体有腾空动作。当身体向移动方向跃出的同时，两臂在体侧向前摆动，以带动身体更快更远地向前跨跳。要向远处跨跳，切忌向高处跨跳。当跨跳腾空后，后脚要迅速向前伸出首先落地，前脚随后落在后脚的前面。接着两腿深蹲，重心下降，使身体移到球的下面，保持全蹲姿势，准备接球。为了减少向前的冲力和保持身体的平稳，在跨跳后两脚要分开站立，要比肩稍宽。

(4) 滑步法：当球距身体较远对，可用滑步移动。移动时，两膝弯曲，两前脚掌用力蹬地，重心向侧移动，移动方向一侧的脚先向侧方迈出一步，另一脚迅速滑动跟上成准备姿势。如果距离较远，可用连续滑步。

(5) 交叉步法：当来球在体侧或体前侧距离较远时，就可采用交叉步。若向右移动，身体稍向右转，左脚从右脚前面向右交叉迈出一大步，然后右脚再向右边跨出一步，落在左脚的侧面，同时身体转动对准来球方向，保持传球前的准备姿势。向左移动，动作方向相反。

(6) 跑步法：当球的落点距身体很远，运用其他移动步法都不能接球时，就要采用跑步法。跑步前，要判断好来球的方向和落点，两腿用力蹬地，迅速起动。为了增加速度，两臂要用力摆动，加快步伐，争取跑到球的落点位置，并逐渐降低重心(最后也可用跨跳法降低重心)，保持好击球的准备姿势。跑动时，眼睛要注视来球方向。若球落在身后，应边跑边转身去追球。

(7) 后退法：移动时，身体保持稍低的姿势，两脚交替快速向后退步，重心应保持在前面。

以上步法也可以在实践中结合运用。

(三) 移动练习程序与方法

(1) 教师做正面与侧面示范，按脚、躯干、手、头的顺序，讲解准备姿势的意义和动作方法。

(2) 教师讲解，学生试做动作。其顺序是：两脚自然开立，双腿适当屈膝，上体前倾，重心前移，抬起手臂，两眼看球(教师将球举起)，全身保持待发状态。

(3) 学生列队绕场慢跑，当听到教师哨音后立即做出各种准备姿势。

(4) 进行移动练习应以并步、交叉步、跨步、跑步的顺序进行。

(四) 易犯错误与纠正方法

(1) 初学者做准备姿势时常会出现身体太直、臀部后坐、全脚掌着地、挺胸塌腰的错误姿势，另外还有两脚八字站立，踏地太死，身体过于紧张等情况。

纠正方法：前脚掌着地进行小碎步，快速向左、右、前、后、原地移动，教师可多讲解示范。重点提示要求，使学生建立正确的动作概念。

(2) 移动练习时身体重心起伏太大，移动时两手不分开。

纠正方法：应按照正确技术移动，身体重心始终保持平稳。移动时两臂和下肢动作要协调配合。

## 二、发球

发球是比赛中每个回合争夺的开始，也是进攻的开始。发球可以直接得分，可以破坏对方的战术组成，可以起到先发制人的作用。

发球的方法很多，有正面下手发球、侧面下手发球、正面上手发球、勾手发球、正面上手发飘球、勾手发飘球和跳发球等。

### (一) 发球技术动作

#### 1. 正面上手发球

正面上手发球便于观察对方，容易控制球的落点。发球时，可以利用屈体动作，使发出球的力量大、速度快、弧度平。如使球旋转，就更增加攻击性。身材高大，手臂爆发力强的队员，采用这种发球更有威胁性。

发球前，先在发球区选好位置，面对球网站立，左脚在前，右脚在后，两膝微曲，重心落在后脚上。左手持球置于胸前，要观察对方的站位布局，选定自己的攻击目标。发球时，左手将球平稳地向右肩的前上方抛起，高度适中。在抛球的同时，右臂抬起，并屈肘后引，肘部弯曲与肩齐平，手掌自然张开，上体稍向右侧转动，抬头、挺胸、展腹，身体重心移至右脚上。

击球时，利用蹬地转体和迅速收胸收腹的动作带动手臂迅速而猛烈地向前上方挥动，重心随之移向左脚，手臂伸直在右肩上方，以全掌击球的后中下部，有力地将球击入对方场区。手触球时，手腕应有向前推压的动作，使球向前旋转飞行。前压动作的大小取决于击球点的高低以及人与击球点所保持的距离。击球点越高或离身体越近，手腕前压的动作越大。击球后，右脚随着击球动作，自然前移，迅速进场。

### 2. 正面下手发球

正面下手发球动作简单易学，发球的失误率较小，容易发得准确。但速度慢，力量小，攻击性差，适用于初学者。

发球前，面对球网，两脚前后开立，左脚在前，右脚在后，两膝微屈，上体前倾，左手持球置于腹前，右臂自然下垂，两眼注视球。发球时，左手将球在体前右侧抛起，离手 20～30 厘米。在抛球的同时要做好右臂后摆动作。击球时，右脚蹬地，身体重心前移，右臂伸直，以肩为轴，向前摆动到腹前，用虎口、掌根或手拳击球的后下部。随着击球动作重心前移，迅速入场。

### 3. 侧面下手发球

侧面下手发球能够利用身体的转动，便于用力，初学者较易掌握，但攻击性差。

发球前，左肩对网站立，两脚左右开立约同肩宽，两膝微屈，上体前倾，左手持球置于小腹前。发球时，将球在身体的正前方抛起，离手高度约为 30 厘米，离身体约一臂之远。在抛球的同时，右臂摆至右侧后下方，利用右脚蹬地向左转体的力量，右臂同时向前摆动，用虎口或全掌，在腹前击中球的后下方。击球后重心顺势前移，转体向着球网，随即入场。

### 4. 正面上手发飘球

正面上手发飘球是一种发球时不使球产生旋转，而使球不规则地向前飘晃飞行的具有一定攻击性的发球方法。发球队员面对球网站立，便于观察，故准确性高，也容易寻找对方的弱点。

(1) 准确姿势：同正面上手发球。

(2) 抛球：比正面上手发球稍低并稍靠前。

(3) 挥臂击球：同正面上手发球，但击球前手臂挥动应自后向前作直线运动。击球时，五指并拢，手腕稍后仰，用掌根的坚实平面加速击球的后中下部，作用力通过球体重心，击球用力短促、集中，击球面积要小，击球结束时手臂要有突停动作。

(4) 击球后：完成击球动作后应迅速进场。

### 5. 勾手发球

勾手发球具有速度快，力量大，弧度低，并能发出具有各种旋转性能的球，会给对方心理上造成很大威胁。适合于体力好、力量大、爆发力和协调性强的队员采用。

（1）准备姿势：左肩对网(右手发球为例)，两脚左右开立与肩同宽，左脚稍前，重心稍偏于右脚上，左手持球于腹前。

（2）抛球：将球垂直、平稳地向左侧前上方抛起。高度应在最高击球点上空约 30 厘米。

（3）挥臂击球：在抛球的同时，身体重心下降并迅速向右脚移动，以带动放松的手臂向侧后方摆动，同时做挺胸动作。击球时，右脚用力蹬地，重心移至左脚上，同时利用向左转体的协调力量迅速挥臂于最高点。用手掌对准球的后下部带有推压动作将球击出。在击球的一刹那，迅速收腹压体，并继续挥臂，加大击球力量。

（4）击球后：迅速进场，准备防守。

**(二) 发球练习程序与方法**

（1）一般应从下手发球开始，然后再依次学习正面上手发球、上手飘球和勾手发球技术。初学者，男生可以从正面下手发球开始，女生可以从侧面下手发球开始，再学正、侧面上手发球，之后学正、侧面发飘球技术，最后学跳发球技术。

（2）教师先讲解示范，然后按顺序做准备姿势、抛球、击球方法的分解动作，讲清动作要领。学生做徒手模仿练习。

（3）结合球做练习，首先由分解动作开始，对抛球、挥臂击球动作要让学生先掌握抛球与引臂的正确配合，再掌握抛球的路线和高度。其次练习挥臂击球，主要体会正确用力与击球部位的关系。

(4) 对墙发球，主要体会发球用力和身体协调动作。

(5) 近距离发球过网，主要体会和掌握正确动作。

(6) 端线发球，掌握正确的发球动作。

(7) 发直线、斜线、前场、后场以及发到指定区域。

## (三) 易犯错误与纠正方法

(1) 发正面下手球时，抛球不正确，距身体太远或太近，因而臂伸不直或不能准确击球。

纠正方法：做专门抛球练习。

(2) 发侧面下手球时，抛球过高或过低，距身体过远或过近。

纠正方法：做专门抛球练习或向空中固定的目标做抛球练习。

(3) 发侧面下手球时，转体过大。

纠正方法：进一步讲解示范，进行徒手发球练习。

(4) 发正面上手球时，击球点不能保持在头的右前方最高点。

纠正方法：如抛球不好或击球时不准确，可以多练习抛球和击球；如击球动作错误(肘都未抬起)，可用击吊球来纠正。

(5) 发正面上手球时，手不能控制球。

纠正方法：对墙击球或场内指定区域击球练习。

(6) 勾手发球时，抛球不正确，球不能垂直上升或抛得太靠前、太靠后。

纠正方法：做抛球的专门练习，向固定的目标抛球。

# 三、垫球

垫球是排球运动的基本技术之一，是用手臂或手的坚硬部位击球的后中下部，利用来球的反弹向上击球的技术动作，是接发球和接扣球的主要方法。

## (一) 垫球技术动作

### 1. 正面双手垫球

正面双手垫球是各项垫球技术的基础，适合速度快、弧度平、力量大、落点低的各种来球。

(1) 准备姿势：正面对准来球方向，两脚开立稍宽于肩，左脚在前，右脚在后(在右半场防守时右脚在前，左脚在后；在场地中央防守时，可两脚平行开立)，脚跟提起，前脚掌着地，两膝弯曲微内收，膝部垂直面应超出脚尖。上体前倾，重心降低，并置于前脚掌的掌指根部，两肩的垂直面超出膝部。两臂微屈内靠，两手置于腹前，两眼注视来球，两脚保持"静中待动"的状态，随时准备移动。

(2) 击球动作：身体对正来球后，手臂迅速插入球下。击球时，蹬腿提腰，重心随之前移，同时靠两臂相夹、含胸收肩、压腕抬臂等动作的密切配合，将球准确地垫在小臂上。在垫击的一瞬间，两臂保持平稳固定。击球时，身体和两臂有自然的随球伴送动作，以便控制球的落点和方向。

（3）击球手形：一种是两手手指重叠，掌根紧靠，合掌互握，两拇指朝前；另一种是两手抱拳互握，两拇指平行朝前。两臂自然伸直，小臂稍外展靠拢，手腕下压，手腕关节以上的前臂形成一个垫击的平面。

（4）击球点和前臂触球的部位：正面双手垫球的击球点一般保持在腰腹前一臂距离，用前臂腕关节以上 10 厘米左右桡骨内侧平面触球为宜。击球部位过高，既不便于控制球，而且易造成"持球"、"连击"犯规；击球部位过低，垫在虎口上，球易乱飞。

（5）击球用力：如来球的力量小或垫出的球距离远，垫击必须加上抬臂动作，给球以反击力；如来球的力量大或垫出的球距离近，则只需轻轻一垫，靠反弹力垫起；有时来球力量很大，为了缓冲来球的力量，手臂还需顺势后撤，加上含胸收腹协调用力，使球得到缓冲而垫出。一般来说，垫球的用力大小与来球的力量成反比，与垫出球的距离成正比。

## 2．体侧垫球

当来球飞向体侧，来不及移动对正来球时，即要采用侧垫。例如球从左侧飞来，左脚往外跨出一步，右脚前脚掌内侧蹬地，重心随即移至左脚上，左膝弯曲。同时两臂向侧伸出，右肩微向下倾斜，使两臂击球面截住球飞行的弧线，两前臂并拢成一平面，一定注意使该平面对准来球，异侧的前臂触球偏底部。用力时，腰部发力，重心内转，两肩向前用力，稍有迎击动作，将球垫出。

### 3. 跨步垫球

当跨步垫球时，要看准来球落点，向前跨出一大步，屈膝深蹲，重心落在跨出的腿上，上体前倾，塌腰、塌肩，胸部几乎贴近大腿，臀部下降，后腿自然伸直或随重心前移而跟着上步。接近球的落点时，两臂前伸插入球下，等球下落接近地面时用前臂和手腕部位击球的底部，可伴有翘腕动作，将球向上垫起。如果来球在体侧时，与球同侧脚向侧跨出一大步，重心落在跨出腿上，成为弓箭步，两臂插到球下，用前臂击球，对准出球的方向，将球垫起。

### (二) 垫球练习程序与方法

(1) 教师先教学生原地正面双手垫球，再教侧面、跨步和移动中的垫球。在动作熟练后，可进行接发球和接扣球等技术的教学。

(2) 学习每种垫球技术前应先介绍垫球的作用，然后教师边讲解边示范动作。特别讲清手形、击球点和迎击球动作。示范时要从正、侧面交替进行，便于学生看清动作。

(3) 徒手试做，先从手形做起，教师及时检查、纠正动作，并按口令将两臂分开—合拢。基本掌握手形之后，试做身体动作，按口令做完整的徒手动作。先由原地垫球徒手练习，逐步过渡到移动垫球的徒手练习，并按教师口令，做各个方向的移动垫球。

(4) 垫击固定球，主要体会正确的击球点与手形、击球部位与夹臂用力。

(5) 两人垫球练习：相距 4 米左右，一人抛球，另一人垫球，逐步过渡到互相对垫。

(6) 对墙的垫球，主要体会顶肘和提肩动作。

(7) 一人做短距离发球，一人垫起发来的球。

(8) 三人一组向前移动垫球，主要掌握移动选位的能力和垫球手法，体会控制球的方向和力量。

## (三) 易犯错误与纠正方法

(1) 垫球时，身体重心过高或站着垫球。

纠正方法：提醒学生随时做好准备姿势，注意两膝弯曲，并多抛接低弧度的球。

(2) 垫球时，两臂并不拢。

纠正方法：强调双手互握夹臂及压腕动作，也可将双手的手腕用手帕扎在一起练习垫球。

(3) 垫球时，两臂屈肘，造成连击或垫出球不准。

纠正方法：多做对墙垫球练习，主要体会球与手臂的接触及手臂夹紧、顶肘和摆臂动作。

(4) 垫球时，由于身体站得太直，移动不及时，垫不着球。

纠正方法：做低重心的移动练习，强调双膝弯曲，多做垫低弧度来球的练习。

(5) 垫球时，手臂过于紧张，控制不住球的方向和落点。

纠正方法：逐步消除恐惧心理，教会学生缓冲的方法。

(6) 垫球时，重心后坐。

纠正方法：解除学生怕重球的恐惧心理，垫球时做好蹬地送髋动作。教师应在学生垫球时给以口令提示："蹬"或"送"即可。

(7) 垫球时，球垫在拇指或掌根上。

纠正方法：双臂插入球下，重心降低。

# 四、传球

传球是用手指手腕的动作来完成击球。由于双手控制球的面积大且手指、手腕灵活，感觉敏锐，容易掌握球的方向、速度和落点，从而大大提高了传球的准确性。

传球的种类很多，如正面双手传球、背传球、侧传球和跳传球等。其中正面双手传球是最基本的，只有打好这一技术基础，才能进一步掌握和运用其他各种传球技术。

## (一) 传球技术动作

### 1. 正面双手传球

正面双手传球，控制球的面积大，手和全身动作容易协调配合，稳定性高。向前传球是传球的基础动作，传球前必须及时移动到适当位置，保持好人与球的合适距离。

(1) 准备姿势：采用稍蹲站稳，上体适当挺起，抬头看球，双肘弯曲，自然抬起，两手置于脸前。

(2) 手形：当手触球时，两手自然张开成半球形，使手指与球吻合，手腕后仰，以拇指、食指和中指托住球的后下部，手指手腕保持适度紧张，由两手的拇指、食指组成"桃"形，以承担来球的主要冲击力；传球时用拇指内侧，食指中部，中指的第二、三指关节触球，无名指和小指在球的两侧辅助控制传球方向，两肘适当分开，以保持手形正确。

(3) 迎球：当来球接近额前时，开始蹬地、伸膝、伸臂，两手微张，从脸前向前上方迎球。

(4) 击球：击球点应保持在额前上方一球距离之处。击球部位视传球要求而定，一般在球的后下方，在手触球之前时，肘关节应保持一定弯曲，便于击球时前送。

(5) 用力：传球时主要是靠伸臂力量，加上蹬地的力量，通过球压在手上使手指手腕所产生的反弹力将球传出。

### 2. 背传球

背传球的准备姿势，上体比正传时更直。迎球时，抬上臂，身体重心稳定在两脚之间，上体后仰，不偏前，双手自然抬起，手腕后仰，掌心向上，击球的下部，击球点应保持在额上方。背传用力靠蹬腿、展腹、抬臂、伸肘，通过手指弹力把球向后上方传出。其中拇指用力更大些，以利于向后上方传出。手腕也要始终保持后仰，不得用主动屈指、屈腕的动作传球，传球后应立即转身去接应保护或做其他动作。

### 3. 侧传球

侧面传球动作基本上与正面双手传球动作要领相同，只是用力时双臂要向传出方向一侧伸展，传球方向的异侧手臂要更大伸展和用力，同时伴随上体向传出方向侧屈。

### (二) 传球练习程序与方法

(1) 应先教正面双手传球技术，再教背传、侧传、跳传。每项传球技术动作，都应先从原地开始学习，然后在移动条件下练习，传球的弧度应从传中距离(4 米左右)、一般弧度开始，然后学传调整球和低球。即从一般传球过渡到一般二传，进一步学习各种战术传球。

(2) 对于传球的讲解，首先要讲清传球的作用，并结合示范逐步分段地讲述动作过程和技术要领。

(3) 应做好完成动作的示范。示范、讲解的顺序是：脚的站立方法→下肢→腰髋→上体→手臂动作→手的位置→手形→用力。

(4) 传球练习：先从徒手模仿练习开始，再结合球进行练习。

(5) 移动传球练习：

① 两人对传，一人定位，一人向各个方向移动传球。

② 两人移动对传，传球弧度、落点不变。向前后移动传球、向左右移动传球。

③ 对墙传球练习：可以一两人或多人连续对墙进行接力传球，要求传到墙上的固定目标。为了增加兴趣，可以分成小组，比赛看哪组连续传球次数最多。

④ 转换方向的传球练习：一人在近墙处抛球，逐步过渡离墙

远处抛球，另一人将球传至近墙上方。要求身体转向传球方向，在保持正确的击球点情况下传球。

(6) 背传练习：

① 接自抛或对方抛球后的背传练习。

② 三人一组练习，各相距 3 米左右，中间人做背传练习。

③ 四人一组练习，中间两人做背传练习。

(7) 站在圆圈传球，接球人向侧传球，将球传给旁边的人。

### (三) 易犯错误与纠正方法

(1) 传球时，两手紧握球，掌心和拇指朝前，容易挫伤手指。

纠正方法：强调双手在脸前击球，两掌心相对，拇指相对成八字形，并可多做对墙传球练习。

(2) 传球时，两手伸臂过早，造成拍球的错误动作。

纠正方法：由另一人用单手将球托置轻抛到传球者脸前，使其将球传送出来，借以体会伸臂出手和身体协调用力。

(3) 传球时，由于移动慢和没对准来球造成传出的球不准，控制不住球出手方向。

纠正方法：多做不同弧度的传球练习，增强控制球的能力。同时，还可以加强判断性练习，根据信号做移动练习。要求在移动中传接不同角度的来球。

(4) 传出的球不高、不远，其原因主要是手指、手腕和身体协调用力不够。

纠正方法：多做互相传接实心球的练习。

(5) 背传球时，出现向后"搬球"的错误动作。

纠正方法：除强调击球点后移外，还应强调头后仰，使眼睛看到手。

# 五、扣球

扣球是排球比赛中得分和获得发球权的主要手段，在比赛中占有重要的地位，是完成全队战术配合的最后一击，是能否取胜的关键。

扣球技术有很多种类，可分为正面扣球、调整扣球、勾手扣球、扣快球和自我掩护扣球等。这里着重介绍正面扣球技术。

## 1. 正面扣球技术动作(以右手扣球为例)

正面扣球技术动作，按其动作结构可分为准备姿势、助跑、起跳、空中击球和落地等动作环节。

(1) 准备姿势：扣球助跑前，采用稍蹲准备姿势，两臂自然下垂，站在离球网 3 米左右处，观察来球，做好向各方向的助跑起跳准备。

(2) 助跑：助跑可根据球的远近和个人习惯采用不同的步法，一般采用两步助跑。助跑时，身体重心先前倾，随之左脚向前迈出一步，右脚迅速蹬地向前跨出一大步，并用脚跟过渡到全脚掌着地，左脚及时并上，踏在右脚之前，两脚与肩同宽，身体重心随之下降，两膝弯曲，当右脚脚跟着地时，手臂在后面处于最高位置，准备起跳时的摆动。

由于传球的落点不同，所以扣球队员必须选择不同助跑路线，助跑的时机、方向、步法、速度、节奏要根据来球的方向、高度、弧度、速度而定，应力求灵活，适应性强。从总体上说，助跑速度应由慢到快，助跑步幅应由小到大，助跑过程中人的重心应平稳地由高到低。制动后停顿时间要短，使助跑和起跳动作紧密衔接，协调连贯。

(3) 起跳：起跳的目的不仅是获得高度，也是为了掌握扣球的时机和选择适当的击球位置。助跑最后一步，当左脚踏地的同时后引的两臂应经体侧由下向前摆动。随着双腿蹬地伸膝的同时，两臂要有力地屈肘上摆，帮助身体重心向上升起。

(4) 空中击球：起跳后要挺胸展腹，上体稍向右转，右臂向后上方抬起，身体成反弓形。

挥臂时迅速转体收腹发力，以此带动肩、肘、腕各个关节成甩鞭动作向前上方挥击。击球时，五指微张呈勺形，以全掌包满球，掌心为击球中心。击球的后中部，并主动用力屈腕屈指向前扣腕，使击出的球产生强烈的前旋。

击球点保持在起跳后手臂伸直最高点的前面。近网扣球对，击球点应略稍前；远网扣球时，击球点应保持在右肩上方。扣直线球击球点应靠左，扣斜线球时击球点应靠右。

(5) 落地：由于击球时右肩抬得较高，因此下落时往往是左脚先着地。为了避免左脚负担过重，应力争双脚同时着地。落地时以前脚掌先着地再过渡到全脚掌着地，同时顺势屈膝、收腹以缓冲下落力量，并立即做好下一个动作的准备。

**2. 扣球练习程序与方法**

(1) 示范和讲解，使学生建立正确的完整动作概念。

(2) 原地起跳，要求两腿屈膝，向上摆臂起跳。

(3) 原地按照扣球动作要领做徒手举臂、拉臂、挥臂、扣腕和身体协调动作的练习，要求掌握正确的扣球动作。在练习过程中教师应逐个纠正学生的错误动作。

(4) 原地徒手挥臂击球。两人一组，相对站立，一人双手持球，手臂高举于头前上方，另一人原地挥臂击球的后上部，但不要将球击出手。两人交替练习。

(5) 降低球网，隔网自拿排球做原地扣球练习。

(6) 两人一组，相距6~8米，对面站立。练习者用左手持球于左肩的前上方，然后挺胸、拉臂、收腹、挥臂做原地扣球练习。二人交替进行。

(7) 原地扣吊球练习。

(8) 一人一球，原地对墙自抛自扣练习。要求在最高点击球，并掌握击球的正确部位和击球时机。

(9) 教师持球于网前，球在网上的高度应根据学生身高、弹跳高度而定。球与网的距离宜先近后远，要求学生在3米线上助跑上步起跳将球扣过网。

(10) 教师站在网上抛球，学生轮流做扣球练习。

(11) 助跑、起跳扣③号位抛来的球。

(12) 在②、④号位结合一传进行扣球练习。

(13) 连续扣球，三人一组，由教师连续抛球，练习者轮流连续扣球。

### 3. 易犯错误与纠正方法

(1) 扣球教学中，较难解决的问题是人与球的关系，即不容易选择正确的起跳时机和起跳点。

纠正方法：可先用扣固定球练习，引导学生找到合适的起跳点和击球点，然后用口令引导学生完成起跳击球动作，也可以让学生原地起跳扣教师的抛球。

(2) 助跑步幅不对，最后一步太小，造成制动不好前冲，易过中线或触网。

纠正方法：可采用在地上画线，以限制步幅来进行练习。

(3) 助跑最后一步起跳前停顿。主要原因是腿部力量不够，上体过于前倾。

纠正方法：做助跑快速起跳触吊球练习；做原地迅速用力蹬地练习；做原地快速深蹲起跳练习。

(4) 助跑起跳时摆臂紧张，没有用向上摆臂的力量。原因是手臂肌肉僵硬不协调，没有正确的加速用力。

纠正方法：着重练习徒手摆臂，先做分解练习，后做连贯动作练习。

## 六、拦网

拦网是防守反攻系统的第一道防线，是得分和获得发球权的重要手段。正确地掌握和运用拦网技术，能有效地使防守迅速转为进攻。特别是当前排球运动正朝着快速多变、强攻等方面发展。随着扣球的力量、速度和高度的日益加强，如何迅速提高拦网技术水平，成为很重要的课题。

成功的拦网可以直接拦死或拦回对方的进攻，使本方变被动为主动，还可以将对方的扣球拦回，为后排防守减轻压力。成功的拦网还可以削弱对方进攻锐气，动摇对方信心，给对方造成很大的心理障碍。拦网水平的高低直接影响着比赛的胜负。

拦网有单人拦网和集体拦网。单人拦网是集体拦网的基础，按其动作结构可分为准备姿势、移动、起跳、空中击球和落地五个互相衔接的部分。

### 1．拦网技术动作

(1) 准备姿势：队员面对球网，两脚平行开立，约与肩同宽，距球网 30～40 厘米。膝关节稍屈，上体适当前倾，两臂自然弯曲，手放在胸腹之间，随时准备起跳。

(2) 移动：为了及时对准扣球的点，一般情况下采用与网平行的移动。常用的移动步法有以下几种：

① 并步与滑步(以向右移动为例，下同)：在距离较近时，面对球网，右脚向右横跨一步，左脚并上同时起跳。连续地并步移动，

就成了滑步。这时身体重心不要起伏过大，以免影响移动的速度。

② 交叉步：在距离稍远时，身体稍向右转，重心移至右脚上，然后左脚经体前交叉落在右脚左前方，重心随之落于左脚。同时右脚向右跨出一步，脚尖稍内转，使两脚平行，并与肩同宽，正面对网。

③ 跑步：移动距离较远时，采用多步助跑。助跑时侧面对网，最后一步以左脚跨出做制动，右脚再向右跨出一步，脚尖内转，随即起跳。如来不及转动右脚尖，亦可以边跳边转体，只要做到拦网时正面对网即可。

(3) 起跳：原地起跳时，重心降低，两膝弯曲用力蹬地，同时两臂在体侧屈肘做画弧状摆动，使身体垂直起跳。屈膝下蹲的深度可因人而异，腿部力量大的人可以蹲得低一些，腿部力量小的人可以蹲得浅一些，应以发挥最大的弹跳力为原则。拦网起跳的时机应根据对方扣球变化而有所不同，一般应比扣球队员起跳慢半拍，但拦快球时应与扣球者同时起跳。

(4) 空中击球：起跳时，两手经额前向网上沿的前上方伸出。两臂贴耳伸直，两肩上提，以提高拦网点。两手间的距离不能超过球的直径，并要尽力接近球的上空。拦网时两手自然张开，手腕略后仰，手指微屈，分开呈勺形，以便包住球。当手触球时，两肩上送，两手要突然紧张，手腕用力下压，盖住球的前上方。为了防止扣球打手出界，应在对方扣球线路的方向上，手腕稍向内转动，并尽力将球拦于对方场内。

拦远网球时，可以不做压腕动作，尽量向上伸直手臂、手腕，以提高拦网点。如果拦网的高度较低，可用后仰手腕的办法，争取把球挡起来，防止被对方打超手。

(5) 落地：拦网后要正面对网屈膝，含胸收腹，缓冲落地。如已将球拦回，则面对对方；如未拦到球或球被拦在本方，则应在身体下落时向落球方向转体，便于后撤接应或反攻。

**2．拦网练习程序与方法**

(1) 拦网技术的教学应在基本掌握了扣球技术以后进行。教学顺序应从单人拦网开始，然后再教双人、三人的集体拦网。

(2) 拦网应从手形开始，然后学原地起跳和移动起跳，最后再掌握完整的拦网动作。

(3) 教师做拦网示范时，先要介绍拦网的作用，然后分解示范并讲解拦网各环节的动作过程。示范时，要让学生从侧面看身体动作、手臂与网的距离，也要让学生从正面看拦网的手形。在做空中动作示范时，可以先把球的高度降低，做原地的动作示范。在做拦网动作示范时，可以让人在网对面进行原地扣球，进行有球条件下的拦网示范，提高示范效果。

(4) 讲解示范后，由队员原地模仿并体会拦网动作。

(5) 两人一组，相距一米，面对站立。一人持球于头上，由后向前摆动，另一人双手上伸做拦网击球动作，当手触球时，手腕前屈，两手下压，体会触球时的压腕动作。

(6) 做向侧跨一步起跳的拦网练习。

(7) 两人一组隔网站立，用相同的节奏，做向侧跨步并同时起跳的拦网练习。

(8) 两人一组隔网站立，以一人为主随意向左、右做侧跨步起跳拦网动作，另一人跟着移动，同时起跳，可做推掌动作。

(9) 两人一组隔网站立，一人持球，将球抛过网，另一人起跳将球拦回。

(10) 在③号位结合扣球练习拦网。

(11) 集体拦网练习，要着重体会双人拦网的分工及正确选位方法，避免碰撞和漏球。

(12) 结合进攻战术及比赛情况下的实战练习。

### 3．易犯错误与纠正方法

(1) 拦网技术并不复杂，练起来比较枯燥，在教学训练中经常又因拦到球的次数不多或连续起跳易于疲劳，由此缺乏兴趣而常常被忽视及不认真练习。

纠正方法：首先在思想上要给以足够重视，并在教学中做妥善的安排。保证必要的数量，并强调拦网效果。

(2) 判断、移动、选位和起跳时机掌握不好。

纠正方法：在训练中，要反复讲解分析，在准和快上下功夫。

(3) 碰网、过中线。

纠正方法：多做网边的移动、起跳和空中压腕练习，使动作熟练，提高拦网空间感觉和平衡能力。

(4) 拦网时，起跳过早。

纠正方法：分析扣球动作与拦网时机的关系，提高判断能力。教师可用信号帮助队员找好起跳的时机。

(5) 拦网时，两手距离太大，造成漏球现象。

纠正方法：降低球网，做一扣一拦练习，着重体会和掌握双手对准球的拦击动作。

(6) 初学拦网往往会急于拦球，而造成扑球触网。这是因为没能提肩屈腕动作引起的。

纠正方法：在低网条件下，原地多练习提肩、屈腕动作。

## 第二节　排球运动战术

运动员在比赛中根据排球运动竞赛规则与临场的情况变化，有意识地运用技术配合所采取的有目的、有预见性的行动称为排球战术。

排球战术主要分个人战术和集体战术两大部分，其中集体战术又分进攻战术和防守战术。本节着重介绍进攻战术和防守战术中最基本的战术配合及练习方法。

# 一、进攻战术方法

## (一) "中一二"进攻战术

接发球时，把球传给前排中间的③号位队员，由他传给②、④

号位队员扣球，这种进攻配合称为"中一二"进攻战术，见图3-1（图例：①～⑥表示队员位置号码；——→ 表示球的飞行路线；----→ 表示队员跑动路线。以下类同）。

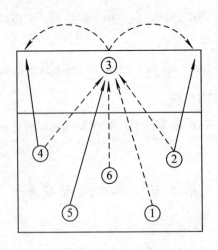

图3-1 "中一二"进攻战术

### 1."中一二"进攻战术的关键环节

"中一二"战术的关键环节是：后排队员接到一传后，球一定要传到位，使③号位队员能组织进攻。否则，形成不了"中一二"进攻战术。

### 2."中一二"进攻战术配合要求

（1）"中一二"进攻战术配合是最基本、最简单的，要求场上六名队员各守其责，③号位队员作为二传，②、④号位队员作为扣球手，①、⑥、⑤号位队员主要任务是接一传。

(2) ①、⑥、⑤号位队员要求把球尽可能传到③号二传手中。

(3) ③号位队员作为二传，要机智、灵活、视野开阔，根据场上情况分配扣球，尽可能组织起有效进攻。

(4) ②、④号位队员根据一传、二传情况，注意选择起跳时机和起跳点。

### 3. 组织练习步骤与方法

(1) 临场讲解，让 6 个队员在场上按位置做示范。

(2) 教师在对方半场抛球，队员接发球组织"中一二"进攻战术练习。

(3) 全队分两组，一组发球，另一组按"中一二"站位，接发球组织进攻战术。接球后可不扣球过网，接好一传给③号位队员做二传，接 3～5 个球后轮转一次。

(4) 同上练习。要求进行扣球，②、④号位队员各扣 3～5 个好球后轮转一次。

(5) 结合教学比赛进行练习。

### (二) "边一二"进攻战术

接发球时，把球传给前排②号位队员，由他传给③、④号位队员扣球，这种进攻配合就称为"边一二"进攻战术。它的接发球的基本站位见图 3-2。

"边一二"进攻战术的优点是两个扣球队员可以互相配合，起一定的掩护作用，而且有较多的战术配合变化，它在攻击程度上比

"中一二"进攻战术高。

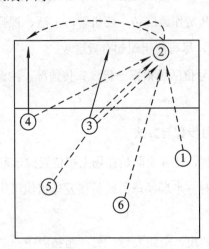

图 3-2 "边一二"进攻战术

根据"边一二"进攻战术的站位，可以变化出几种战术配合，如"快球掩护"、"围绕"、"梯次"等。

### 1. "边一二"进攻战术的关键环节

"边一二"进攻战术的关键环节是：后排队员接到一传后，球一定要传到②号位，使②号位队员能组织起"边一二"进攻战术，形成两个进攻点。

### 2. "边一二"进攻战术配合要求

(1) "边一二"进攻战术配合要求场上六名队员各守其责，②号位队员作为二传，④、③号位队员作为扣球手，①、⑥、⑤号位队员的主要任务是将一传球接好，传至②号位。

(2) ①、⑥、⑤号位队员要尽可能将一传球传至②号位二传队员手中。

(3) ②号位队员：作为二传，要视野开阔、灵活多变，根据场上实际情况，合理分配扣球，尽可能组织战术进攻。

(4) ③号位队员：如一传到位，应尽可能扣快球。

(5) ④号位队员：扣拉开球时，应注意选择好起跳时机和起跳点。

(6) 采用"边一二"进攻战术时，二传队员应站在②、③号位之间，不要站得太靠近边线，以便运用快变战术。

### 3. 根据"边一二"进攻战术的站位可以变化出的战术配合

(1) "快球掩护"。③号位队员假做扣快球，牵制对方③号拦网队员，而二传队员则传球给④号位队员进攻，这时对方③号位队员往往来不及移动到网边组织集体拦网，见图3-3。

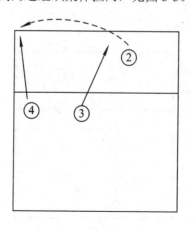

图3-3　快球掩护

(2) "前交叉"：这是④号位队员到③号位去扣球(一般是扣快球、半快球)。二传队员把球传向④号位，由③号位队员到④号位去扣球，以造成对手拦网困难，见图3-4。

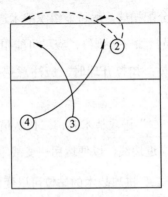

图3-4 前交叉

(3) "围绕"：在二传队员与3号位队员默契配合的情况下，可将球突然传到②号位，这时3号位队员绕过二传队员到②号位去扣球，见图3-5。

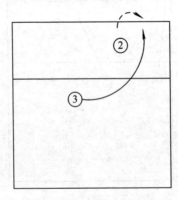

图3-5 围绕

（4）"梯次"：前排任何一个扣球队员扣快球做掩护，二传队员将球传得稍高一些，而另一个扣球队员紧跟上去扣球，以造成对方拦网困难，见图3-6。

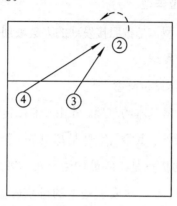

图 3-6 梯次

### 4．组织练习步骤与方法

（1）六名队员在场上站好"边一二"的接发球位置，教师临场讲解，并在对方半场抛球，由队员接抛球组织进攻战术。

（2）教师在对方半场发球给⑥号位队员，⑥号位队员做一传，②号位队员做二传，③、④号位队员扣球。

（3）在③、②号位间做二传，③号位队员扣快球做掩护，④号位队员扣拉开球。

（4）在③、②号位间做二传，进行"交叉"战术练习。

（5）全队分两组，一组发球，一组接发球组织"边一二"进攻战术。

（6）结合教学比赛，进行实战练习。

## 二、防守战术方法

### 1. 接发球站位阵型

接发球站位阵型，是按照接发球的人数来划分的。通常采用五人接发球和四人接发球。

(1) 五人接发球站位阵型。

五人接发球是最基本的阵型。除由一名二传队员站在网前或从后排插上不接发球外，其余五名队员都担负一传任务。

五人接发球的优点是：队员均衡分布，每人接发球的范围相对减小。接发球时，已站成了基本的进攻阵型，组织进攻比较方便。

五人接发球的缺点是：③号位队员接球时，不便组成快攻战术，不利于有进攻特长的队员及时换位；站位时，队员之间的交界点相应增多，队员之间配合不默契时，容易出现互相干扰、互换或互让现象。另外，二传队员在后排时，从⑤号位插上距离较长，难度大。

(2) 四人接发球站位阵型。

为了插上方便，插上队员与同列的前排队员都站在网前不接发球，其他四人站成弧形接发球。

四人接发球的优点是：便于后排插上和不接发球的前排队员及时换位。

四人接发球的缺点是四人接全场球要求判断和移动能力较强。

**2．接发球站位的基本要求**

(1) 合理取位：五人接发球的基本位置是前三后二。④号位队员应站在距中线 4～5 米、距边线大约 1 米处；②号位队员应站在距中线 4 米左右、距边线 1～1.5 米处。由于发射角的关系，一般较平的发球，很少发到两边阴影区内。后排队员的位置，要以前排队员为基准，取前排队员两人之间的位置，避免重叠和影响视线，距端线约 3 米为宜。此外，还要根据对方发球的性能、特点随时调整位置。

(2) 明确范围：接发球时，每个接发球队员都应明确自己的控制范围，做到分工明确，既不互争互抢，也不互让。特别要重视两人之间的"中间地带"和三人之间的"三角地带"的接球配合。

(3) 注意接应：不接发球的队员应注意随时接应同伴的一传。尤其是当后排队员接球时，前排队员应转身注视接球队员，随时准备快速移动接应垫不到位的球。

**3．接扣球防守阵型**

接扣球防守阵型是前排拦网与后排防守的整体配合阵型。防守阵型运用时首先要根据对方进攻的具体情况，其次要充分发挥本队队员的特长，最后要适当考虑到防守后的进攻战术打法。接扣球防守阵型有以下几种：

(1) 不拦网的防守阵型。

根据对方进攻的情况没有必要进行拦网时，可以采用不拦网的防守阵型。不拦网的防守阵型与五人接发球站位阵型相似，前排进攻队员要撤到进攻线后，既准备防守，又便于进攻。后排队员后退，准备防后场球。二传队员留在网前，既可接吊到网前的球，又便于组织进攻。

(2) 单人拦网的防守阵型。

水平较低的队比赛时，由于对方进攻力量不强，扣球线路变化少，吊球又多，可以主动采用单人拦网的防守阵型。单人拦网的防守阵型是由不拦网的队后撤防前区，后排队员防后场。

(3) 双人拦网的防守阵型。

水平较高的队多采用双人拦网的防守阵型，分为"边跟进"和"心跟进"两种。

① "边跟进"防守阵型。这种防守阵型多在对方进攻较强、吊球较少时采用。当对方④号位队员进攻时，我方②、③号队员拦网，其他四个队员组成半圆弧形防守，如遇对方吊前区，则由边上①号位队员跟进防守。其优点是加强了拦网，缺点是边上的队员既要防直线，又要跟进防前区，比较困难。

② "心跟进"防守阵型。这种防守阵型是后排中心⑥号位队员在本方拦网时跟上去保护，适合于本方拦网能力强，对方采取打吊结合时采用。其优点是加强了前场区的防守，缺点是后排防守的空当较大。

(4) 三人拦网的防守阵型：这种阵型在对方强攻威力很大时采用。

# 第三节　排球运动竞赛规则

## 一、场地、器材与设备

### (一) 场地

(1) 排球场地长 18 米、宽 9 米。

(2) 取消两条发球线，发球区扩大为端线后 9 米宽的地区，延伸至无障碍区的终端。

(3) 中线与进攻线之间为前场区，前场区被认为是向边线外的无障碍区无限延长的。

(4) 两条进攻线在无障碍区的假想延长线直至记录台前的范围为换人区。

(5) 正式比赛场地四周至少要有 3 米宽的无障碍区，上空至少要有 7 米高的无障碍空间。

### (二) 球网

#### 1. 球网

球网为黑色，长 9.50 米、宽 1 米，设在中线的中心线垂直面上。球网的高度，男子为 2.43 米，女子为 2.24 米；少年比赛，男子网高一般为 2.35 米，女子网高为 2.15 米；基层或儿童比赛的网高，可根据具体情况自行确定。

**2．标志带**

标志带长 1 米、宽 5 厘米。分别设在球网两端，垂直于边线和中线的中心线交接处。两条标志带均被认为是球网的一部分。

**3．标志杆**

标志杆长 1.80 米，直径为 10 毫米。标志杆分别设置在标志带的外沿、球网的不同侧面，并高出球网 80 厘米。标志杆被认为是球网的一部分。两根标志杆和球网的上沿构成过网区，标志杆被认为是向上空无限延长的。

(三) 比赛用球

正式比赛用的球应是浅色的。球的圆周长为 65～67 厘米，重量为 260～280 克，气压为 0.30～0.325 千克/厘米 $^2$。

正式比赛采用三球制，在一次比赛中所采用的球的圆周、重量、气压、牌号等都必须是统一的。

# 二、比赛方法

**1．胜一场**

正式比赛采用 5 局 3 胜制。即最多打 5 局，胜 3 局的队即胜一场。

**2．胜一局**

前四局先得 25 分同时超出对方 2 分的队胜一局。当比分为 24：24 时，比赛继续进行至某队领先 2 分(如 26：24 或 27：25)为止。

## 三、犯规与判断

### (一) 发球犯规及判断

### 1. 发球犯规

(1) 发球次序错误。发球次序应按位置表上的顺序进行，取得发球权的队的队员必须按顺时针方向轮转一个位置，由前排右边轮转到后排右边的队员发球。某队未按照记录表上所登记的发球次序进行发球判为发球次序错误。

记录员在比赛中应对每一发球轮次都进行核对，在发现发球次序错误时，应在比赛间断时及时报告第二裁判员。发球次序错误的处理方法如下：

① 队员必须立即恢复到正确的位置。

② 记录员必须准确地确定发球次序错误从何时发生，从而取消该队在发球次序错误过程中的所有得分，而对方的得分则仍然有效。

③ 如已得分，而又不能确定其发球次序错误从何时发生，则仅给以一次犯规的判罚。

(2) 在发球区外发球。发球队员击球时，踏及端线或边线延长线以外的区域则为发球犯规。此时应判由对方发球。

(3) 发球时球未抛起或未使球清楚地离开手即行击球，为发球犯规，判由对方发球。

(4) 发球 5 秒违例。发球队员必须在第一裁判员鸣哨发球后 5 秒以内将球击出，超过 5 秒再发球，则为发球 5 秒违例，换由对方发球。

(5) 再一次发球试图。如球被抛起或托球手撤离后，未触及发球队员而落地，被认为一次发球试图。如出现再一次发球试图即为犯规，换由对方发球。

## 2. 发球击球后的犯规

(1) 发出的球过网前触及本方队员或没有通过球网的垂直面。

(2) 球触网。

(3) 界外球：球未从过网区越过；球触标志杆或场外物体。

(4) 发球掩护。任何一名发球队的球员，以挥臂、跳跃或左右晃动妨碍对方，而且发出的球从他的上空飞过，起到了掩护发球的作用，则为个人掩护犯规。发球有两名或更多的队员密集站立组成屏障，遮挡发球队员，而发出的球通过该屏障上空飞向对方场区，即为集体掩护犯规。

### (二) 位置错误犯规及判断

#### 1. 位置错误的判断

(1) 位置错误只有在发球的一瞬间才有可能造成。

(2) 队员的场上位置应根据脚的着地部位来确定。

(3) 应明确"同排"与"同列"的概念及位置关系。①、⑥、⑤号位，②、③、④号位分别为同排队员；①、②号位，③、⑥号位，④、⑤号位分别为同列队员。规则规定同排左边或右边队员的一只脚的某部分必须比同排中同队员的双脚距离其同侧边线更近。

同列的前排队员的一只脚某部分必须比同列后排队员的双脚距离中线更近。

### 2．位置错误的判罚

(1) 判失一球，队员必须立即恢复到正确位置。

(2) 记录员必须准确地确定其位置错误从何时发生，从而取消该队在位置错误过程中的所有得分，对方的得分则仍然有效。

(3) 如已得分，而又无法确定其位置错误从何时发生，则仅给以一次犯规的判罚。

若发球队员击球时犯规和对方位置错误同时发生，则认为发球犯规在先。若发球队员在发球击球后犯规或者失误，而位置错误犯规在先，应判接发球一方位置犯规。

### (三) 击球时的犯规

### 1．触球

最新规则规定，球可以触及身体的任何部分。取消触及膝关节以下为犯规的规定。

### 2．持球

新规则对持球的尺度放宽，规定球必须被击出，不得接住或抛出。取消了击球必须清晰并不得使球停滞的规定。

### 3．四次击球

每队最多击球三次(拦网除外)，第三次必须将球击过网进入对方场区，第四次击球则为犯规。

### 4. 借助击球

队员有意借助同伴或任何物体去击球，为借助击球犯规。

### 5. 连击

一名队员连续击球两次或球连续触及他的身体不同部位，则造成连击犯规(拦网除外)。但在第一次击球时，除上手传球外，允许身体不同部位在同一击球动作中连续触球。

所谓第一次击球，是指接对方的发球、扣球、吊球、推攻球、被拦回的球等。所谓同一动作中的连续触球，是指一个击球动作后，球多次明显地触及身体不同部位，如球触及前臂、上臂后，又触及肩部或头部。

### 6. 对同时触球的判断

(1) 同队两名或更多的队员可以同时触球。在两名队员同时触球时，应认为该队已击球两次(拦网除外)。如两名队员同时去击球，但仅一名触到球，则应认为该队仅击球一次。

(2) 两名不同队的队员在球网上空同时触球后，比赛继续进行，接球的一方仍可击球三次。如球落在甲队场区外，则判为乙方击球出界。

### (四) 球网附近的犯规

### 1. 触网

在比赛进行中，队员触及 9.50 米以内的球网、标志带、标志杆为触网犯规。但队员击球后，在不影响比赛进行的情况下，可以触及网柱、网绳或全网长之外的任何其他物体。判断触网犯规时，应注意区分主动触网还是被动触网。由于球被击入球网，而造成球网触及队员的被动触网，不应判触网犯规。

**2．过中线**

在比赛进行中，队员整个脚或身体的任何部分越过中线触及对方场区时为过中线犯规。但队员的一只脚或双脚越过中线触及对方场区的同时，脚的一部分还触及中线或置于中线上空是允许的。

**3．过网击球**

在对方场区空间内击球为过网击球犯规。判断过网击球犯规的依据是击球点是否在对方场区空间。如击球点在本场区上空，击球后手随球过网是允许的，不能判为过网击球犯规。

**4．从网下穿越进入对方空间并妨碍对方比赛**

规则规定在不妨碍对方比赛的情况下，允许队员在网下穿越进入对方空间。如妨碍了对方比赛即为犯规。

**(五) 进攻性击球犯规**

(1) 后排队员在前场区，对整体高于球网上空的球，完成进攻性击球，则为犯规。所谓完成进攻性击球，是指球的整体通过球网垂直平面或触及拦网队员。判断后排队员进攻性击球，必须同时具备以上条件，否则便不构成犯规。

(2) 在前场区对对方发过来的球，并且球的整体高于球网的球，完成进攻性击球。规则规定任何队员在前场区，对对方发过来的整体高于球网的球，完成进攻性击球则构成犯规。但如果队员在后场区，或虽在前场区，但对低于球网的球完成进攻性击球，则不构成犯规。

### (六) 拦网犯规

#### 1. 过网拦网犯规

在对方进攻性击球前或击球时，在对方空间拦网触球为过网拦网犯规。判断依据是进攻性击球队员与拦网队员击球时间的先后。

#### 2. 后排队员拦网犯规

后排队员靠近球网，将手伸向高于球网处阻挡对方来球，并触及球，则为后排队员拦网犯规。后排队员在靠近球网处参加集体拦网，并将手伸向高于球网处阻挡对方来球，即使本人未触球，只要集体拦网成员中的任何一人触球，也应判为后排队员拦网犯规。

### (七) 换人与暂停

#### 1. 换人

在比赛中出现死球时，教练员或队员可以向裁判员要求换人。换人时，任何人(包括教练员)不得向场上队员进行指导，场上队员也不得离开场地。每局比赛每队换人不得超过 6 人次以上。

#### 2. 不合法替换

规则规定正式队员每局比赛只可换下一次。在同一局再上场时，只准换下替换他的替补队员。替补队员每局比赛只能上场一次，他可替换任何一名正式队员，但同一局中他只能由被他替换下场的正式队员来替换。未按上述规定的替换为不合法替换。

### 3. 暂停

(1) 每队每局可有一次自由暂停，每次 30 秒(第五局除外)。

(2) 每局有两次技术暂停(第五局除外)，当领先的队比分进行到 5 分和 10 分时执行，每次 60 秒。

(3) 第五局没有技术暂停，每队有两次自由暂停，每次 30 秒。

### (八) 延误比赛

对不符合规定的请求间断，裁判员给予拒绝。同一局中再次提出不符合规定的请求，将进行判罚，给予"延误警告"，第一裁判员出示黄牌，"延误警告"是对全队的。同一局中同队队员再次延误比赛，被认为犯规，给予"延误判罚"，第一裁判员出示红牌，判犯规队失一球。

## 课后练习与思考

1. 简述正面上手发球动作技术。
2. 简述"中一二"进攻战术。

图书在版编目(**CIP**)数据

篮球、足球、排球/韩桥，张鹏，黄毅主编.

—西安：西安电子科技大学出版社，2016.2(2017.1 重印)

ISBN 978-7-5606-4027-3

Ⅰ. ① 篮…　Ⅱ. ① 韩…　② 张…　③ 黄…　Ⅲ. ① 篮球运动—高等学校—教材　② 足球运动—高等学校—教材　③ 排球运动—高等学校—教材

Ⅳ. ① G84

**中国版本图书馆 CIP 数据核字(2016)第 020308 号**

策　　划　杨丕勇

责任编辑　王　斌　杨丕勇

出版发行　西安电子科技大学出版社(西安市太白南路 2 号)

电　　话　(029)88242885　88201467　　　邮　　编　710071

网　　址　www.xduph.com　　　　　电子邮箱　xdupfxb001@163.com

经　　销　新华书店

印刷单位　陕西天意印务有限责任公司

版　　次　2016 年 2 月第 1 版　2017 年 1 月第 2 次印刷

开　　本　850 毫米×1168 毫米　1/32　印　张　4.4375

字　　数　82 千字

印　　数　3001～5000 册

定　　价　25.00 元

ISBN 978-7-5606-4027-3/G

**XDUP 4319001-2**

***如有印装问题可调换***